现代管理会计的理论与实践应用研究

周婷婷 著

全国百佳图书出版单位
吉林出版集团股份有限公司

图书在版编目(CIP)数据

现代管理会计的理论与实践应用研究 / 周婷婷著
. -- 长春 : 吉林出版集团股份有限公司，2024.4
　ISBN 978-7-5731-5019-6

Ⅰ. ①现... Ⅱ. ①周... Ⅲ. ①管理会计 - 研究 Ⅳ.
①F234.3

中国国家版本馆 CIP 数据核字(2024)第 095126 号

现代管理会计的理论与实践应用研究
XIANDAI GUANLI KUAIJI DE LILUN YU SHIJIAN YINGYONG YANJIU

著　　者:周婷婷

责任编辑:沈丽娟

技术编辑:王会莲

封面设计:豫燕川

开　　本:787mm×1092mm　1/16

字　　数:180 千字

印　　张:9.75

版　　次:2025 年 1 月第 1 版

印　　次:2025 年 1 月第 1 次印刷

出　　版:吉林出版集团股份有限公司

发　　行:吉林出版集团外语教育有限公司

地　　址:长春市福祉大路 5788 号龙腾国际大厦 B 座 7 层

电　　话:总编办 0431—81629929

印　　刷:吉林省创美堂印刷有限公司

ISBN 978-7-5731-5019-6　　　　　　定价:58.00 元
版权所有　侵权必究　　　　　　举报电话:0431—81629929

前言

　　管理会计是巧妙融合"管理"与"会计"这两个主题,以强化企业内部经营管理、提高经济效益为根本目标的一门实用性很强的新兴学科。管理会计的魅力就在于其全部工作都坚持按"成本效益分析"原理进行,并贯彻始终,以保证其根本目标的实现。

　　现代管理会计的产生与发展,极大地丰富了会计科学的内涵,扩充了会计的职能。它不仅要考评过去,还要控制现在,预测前景,优化决策,规划未来,以保证用较少的耗费取得较大的收益。因此,现代管理会计的出现,标志着会计管理进入了一个崭新的阶段。

　　随着社会经济环境与企业经营环境的变化,管理会计的职责范围不断扩大,简单的成本核算与决策信息提供已经不能满足企业的需求,管理新理念的提出更是对管理会计提出了更高的要求。现代管理会计不但要对企业的生产、经营等管理方面进行计量和处理,进而做出有效评估,而且要为企业提供全面合理的管理方案。现代企业的经营离不开现代管理会计的支持,规范的现代管理会计机制推动管理会计的发展,从而为企业创造更大价值。

　　笔者从当前社会经济环境出发,在吸收、借鉴国内外相关研究成果的基础上写成本书。由于学识有限,书中难免有疏漏之处,敬请广大读者批评指正。

目 录

第一章　管理会计概述 ·· 1
第一节　会计与管理 ·· 1
第二节　管理会计的形成与发展 ·· 5
第三节　管理会计的内涵 ··· 10
第四节　管理会计与财务会计的区别和联系 ······························· 14

第二章　管理会计的基本理论与基本方法 ··································· 17
第一节　管理会计的基础理论 ·· 17
第二节　管理会计的应用理论 ·· 19
第三节　以组织层级为基础的管理控制系统 ······························· 27
第四节　管理会计基本方法 ·· 33

第三章　全面预算 ··· 42
第一节　全面预算的内涵与编制程序 ·· 42
第二节　全面预算的编制 ··· 46
第三节　弹性预算、零基预算与滚动预算 ·································· 50

第四章　质量成本管理 ··· 54
第一节　质量与质量成本 ··· 54
第二节　全面质量管理 ··· 60
第三节　ISO9000 与六西格玛 ·· 73

第五章　基于战略的风险管理 ··· 81
第一节　战略与风险管理 ··· 81
第二节　风险管理流程 ··· 94
第三节　风险管理方法 ··· 99
第四节　风险管理系统 ··· 104

· 1 ·

第六章　短期经营决策 ································· 113
第一节　短期经营决策概述 ··························· 113
第二节　短期经营决策的方法 ························· 121

第七章　长期投资决策 ································· 126
第一节　长期投资决策概述 ··························· 126
第二节　长期投资决策的方法与指标 ··················· 132

第八章　责任会计 ····································· 137
第一节　分权管理与责任会计 ························· 137
第二节　责任中心 ··································· 141

参考文献 ··· 149

第一章 管理会计概述

第一节 会计与管理

一、管理的意义和性质

凡是许多人在一起劳动，就存在一定的人力、物力和财力资源。为了使这些有限资源得到最优化的配置和使用，就必须进行有效管理。即使在生产力水平很低的原始社会，也离不开管理。共同劳动的规模越大，劳动的分工和协作越细，管理也就越复杂、越重要。因此，我们可以这样说，管理是人类进行社会生产的需要。当然，管理不仅存在于经济工作中，军事、外交、科研、文教、卫生等领域也需要管理。

那么，究竟什么是管理呢？管理是指在一定的生产方式下，人们为了达到预期的目标和任务，按照某些原则、程序和方法，针对管理对象所进行的计划、组织、指挥、协调、控制等一系列的活动或职能。由于现代科学技术的飞跃发展和生产社会化程度的极大提高，现代化管理的活动或职能，还要加上预测和决策。

但不论怎样，管理总是由生产社会化引起的。管理的基本任务是把劳动者、劳动手段、劳动对象和生产技术情报科学地组织起来，并按系统最优的方式进行经营，从而使人尽其才、物尽其用、地尽其利，其终极目标就是取得最大的经济效益和社会效益。特别是在现代社会中，由于生产自动化的大量应用，体力劳动极为有限，真正生产力的来源是知识、智慧和人的创造力。而经营管理正是人们发挥知识、智慧和创造力的重要领域。实践证明，管理工作做得好，就可以对其他生产要素发挥"乘数"的作用。从这个意义上来说,管理也是生产力。在我国当前的现代化建设中,情况也是如此。只有先进的生产技术,而没有先进的经营管理与之配合,就不可能得到应有的经济效益和社会效益。

二、企业管理的发展历程

管理实践源远流长,可追溯到人类社会的早期。而管理科学是从管理实践中产生的,迄今只有百余年的历史,是随着资本主义企业生产的兴起才逐步形成和发展起来的。从历史上看,资本主义企业管理的发展过程大体上经历以下三个阶段。

(一)经验管理阶段(18世纪80年代到19世纪末)

这个阶段的经济背景是在产业革命以后,机械化生产的大型工厂代替了手工操作的小型工场;企业的所有权与经营管理权高度集中,"老板就是经理,经理就是老板",但企业管理显得越来越重要。

这个阶段企业管理的特点是资本家凭自己的经验和惯例行事,工人靠自己的经验和直觉去操作。管理的目标正如18世纪古典经济学家所揭示的那样,就是千方百计地去维护和扩大资本家的利润。

(二)科学管理阶段(19世纪末到20世纪30年代)

这个阶段的经济背景是企业的生产规模日益扩大,资本高度集中,企业的所有权与经营管理权开始分离,竞争日趋激烈,管理工作日益复杂,企业管理成为一种专门职业。

这个阶段企业管理的特点是专业管理人员按照资本家的意图办事,用精确的调查研究和科学知识代替过去那种凭经验进行管理的老传统;整个管理工作向科学化、系统化和标准化方向发展,并逐渐形成一门科学——科学管理。

科学管理的主要倡导人是美国的泰罗,他主要从工人工作的时间、动作的合理和配合上进行研究:一方面,在科学试验的基础上按不同工种测算出工人每一步、每个动作、每道工艺流程所需花费的时间,制定出在标准时间内的标准工作量;另一方面,要求工人把劳动中不必要的动作去掉,并制定出标准的工作方法和有刺激性的计件工资制度,使工人的操作科学化、合理化,力争以最简捷的操作、最快的速度、最小的投入,完成既定的任务。总之,泰罗是从车间工人的角度创建他的"科学管理学说"(亦称"泰罗制")的,其目标很明显,就是为了提高劳动生产率。

科学管理的另一位代表人物是法国的法约尔。他在"泰罗制"的基础上发展了科学管理,不但考虑基层各车间工人的操作过程,而且重视研究上层各个职能科室的管理。法约尔从企业的全局观点创建了"职能管理学说",他认为,"管理"是企业主管当局为完成既定目标,在生产、销售、财会、人事、研究开发五个经营活动方面,运用计划、组织、指挥、协调、控制五项管理职能,对资源的配置和应用进行最优决策,其目标是通过提高经营活动的工作效率来获取最佳经济效益和社会效益。

(三)现代管理阶段(20世纪40年代到现在)

这个阶段的经济背景是科学技术迅猛发展,生产高度自动化和社会化,跨国公司大量涌现,国际、国内市场竞争激烈,资本利润率下降,经营风险增大。在这期间出现了许多现代管理学派和新的理论。

20世纪40年代的行为科学学派认为,人际关系和人的行为是管理工作的关键因素,要提高企业的经济效益,不应以产品为中心,而应以人为中心来充分调动广大职工的生产积极性和创造性。这就要求对组织的行为和组织中人的行为进行广泛的调查研究,探讨如何调整并改善人与人之间的关系(如让职工参与管理、参与决策),引导并激励人们在生产经营活动中充分发挥人的内在动力,借以提高工效,降低成本,扩大利润。

20世纪50年代的管理科学学派把管理视为数学的程序、概念、符号和模型的运算。该学派认为,人们可以首先根据会计、统计所提供的信息,应用运筹学和数理统计的原理和方法,把复杂的经济现象建成各式各样的数学模型;然后通过电脑求解,帮助企业管理人员进行最优化的经济预测和经济决策,加强事前的规划和日常的控制,借以提高管理水平,争取最佳经济效益和社会效益。

20世纪60年代的系统管理学派认为,企业是由人和物所组成的完整系统,而系统是具有一定目标的,是由相互联系和相互作用的各个部分所组成的复杂整体。因此,管理人员在执行各项管理职能时,绝不能从局部的、个体的最优出发,而应从经营管理的各个组成要素的总体出发,实现对经济活动进行规划和控制的最优化。

20世纪70年代的权变理论学派认为,当今世界的经济形势不稳定因素太多,瞬息万变,因而,企业管理不可能单靠一套固定的数学模式,也不是简单地归纳几条原则就能应对自如,必须把以上各种管理学派的理论取长补短、兼收并蓄,根据企业所处的外部环境和内部条件,权宜应变,灵活掌握,看情况办事,力求在工作、组织和人三者之间形成最佳配合,以取得最佳的经济效益。

从20世纪80年代到现在,现代化管理广泛吸收了信息经济学和代理理论的有益内容为其服务。信息经济学认为,在现代经济社会中,信息也是商品,具有实用的价值,即信息价值;此外,人们为了取得信息,必须支付一定的代价,即信息成本。任何一个有效的管理系统所产生的信息,必须是所得大于所费,即"正价值"。因此,经常把获取信息的所得与所费进行对比、分析和探讨,就成为当前一切经济科学(包括管理科学)的中心课题。[①] 代理理论主要是探讨、研究管理控制中的一个基本问题,即委托人怎样才能激励和说服代理人按照群体(企业)的意志去进行经营管理和决策,并期望代理人从整体利益、长远利益出发,达到利润最大化的最终目标。但由于委托人和代理人的立场往往不尽一致,双方的利害也不尽相同。因此,代理理论的目标就是探索怎样建立一种合理的、可行的、科学的理论结构,用来研究、分析、解释委托人和代理人的行为动机,并在确认他们的思想、观念、感情的基础上,协调双方的关系,并最终使委托人的效用达到最大化。

必须指出,以上所列举的只是半个多世纪以来对管理会计的形成和发展有着重要影响的现代管理的几种主要学派及其有关的理论,至于其

---

① 高志玥,王永莉,周春艳.企业管理会计的智能化与创新研究[M].延吉:延边大学出版社,2022.

他学派和理论则不一一赘述。

三、会计的简明定义及其与管理的关系

会计作为一种社会现象,在人类社会早期,当人们进行共同生产的时候,由于管理经济的需要就开始出现了。后来随着生产的发展,会计逐渐从生产职能中分离出来,成为独立的、专业性的管理职能。例如,远在我国西周就设置了"司会",总管封建王朝的财赋收支,并进行月份、年度的计算和记录。故当时对会计的解释就是"零星算之为计,综合算之为会",而这里的"计"和"算",本身不是目的,它们最终还是为了"管"。这就意味着原始会计早就包括有计算与管理的含义。

会计不仅是管理经济的一项重要工具,而且它本身从一开始就是经济管理工作的一个重要组成部分。这句话是我国学术界对会计所下的简明定义。

美国会计学会(American Accounting Association,AAA)对会计的定义是:会计是鉴定、计量和传输经济信息的方法,并使信息的使用者有可能据以做出有根据的判断和决策。简言之,会计是一个信息系统。

以上中西双方对会计的描述,实质上并没有矛盾。因为会计为企业管理的各项职能提供必要的、有用的信息,这本身就是一项管理活动,即利用这些信息为管理职能的核心服务。

综上所述,会计与管理具有"血缘"关系,会计的产生和发展是与人们从事管理活动、讲求经济效益分不开的。如果没有会计,人类就不可能总结生产经验,不可能有物质财富和精神文明的积累,也不可能认识社会发展的客观规律。总之,管理经济离不开会计,经济愈发展,会计愈重要。

第二节 管理会计的形成与发展

自工业革命以来,人们的商业活动明显增多。进入信息时代以后,在商业利益的驱动下,信息交流发展的速度更是一日千里,造就了商业信息

的充分共享与透明化,随着科技的进步,商业进入了微利时代。在企业求生存的压力下,经理人殚精竭虑地节约成本、降低费用、重视预算,力求准确再准确。在社会经济大发展的背景下,管理会计不断地向更高级的阶段发展。

一、管理会计的形成

从西方会计发展史来看,早期的管理会计在20世纪20年代开始萌芽,以泰勒的科学管理学说为基础而形成并发展起来的标准成本制度、预算控制、差异分析等是管理会计的雏形,它们在提高企业的生产效率和工作效率方面做出过很大贡献。第二次世界大战以后,随着现代科学技术的迅速发展和大规模应用于生产,社会生产力水平得到大幅度提高,社会化大生产促使资本主义企业进一步集中,企业的规模越来越大,跨国公司大量涌现,生产经营日趋复杂,市场竞争亦日趋激烈。这些客观现实的社会经济环境,要求企业实现管理现代化,而如何利用会计信息来提高企业内部经营管理水平和提高企业的经济效益,则成为西方会计界普遍关心的课题。为此,西方会计界在充分吸收现代管理会计科学的各种方法和技术的基础上,将自20世纪20年代以来发展起来的一些专门用来提高企业内部经营管理和经济效益的会计方法(如标准成本、差异分析、预算管理、本量利分析、经营决策、投资决策、成本预测与控制、全面预算、责任会计制度、存货分析、数量分析等)加以系统化总结,使其形成了一套企业内部会计体系或对内报告会计体系,并在1952年国际会计师联合会(International Federation of Accountants,IFAC)年会上正式采用了"管理会计"这一专门词汇来加以统称,标志着管理会计正式形成。

二、管理会计的发展

一个世纪以来,管理会计的发展大致经历了三个阶段,即传统管理会计、现代管理会计和战略管理会计三大阶段。

(一)传统管理会计阶段

传统管理会计的形成与发展历时半个世纪,即从 20 世纪初到 20 世纪 50 年代(第二次世界大战的后期)。在这一阶段,传统管理会计的形成与发展主要表现为以下几点。

(1)从账外计算发展到账内计算。严格地说,账外计算并不是会计,只是生产的附带工作的一部分——生产人员在生产中进行工、料和其他耗费的计算。而账内计算是指将成本的发生、积累和结转纳入复式记账系统,由会计专业人员进行业务处理,为会计期间终了编制资产负债表与损益表提供相关的成本数据。可见,成本的账内计算虽已纳入企业的会计系统,但并不具有独立性,实际上只是财务会计的一个组成部分。

(2)依据泰勒的"科学管理"学说,建立标准成本会计,实行事前计算与事后分析相结合,以促进企业在生产经营中提高效率,减少浪费,为企业加强内部的成本管理(控制)服务。可见"标准成本会计"不同于成本的账内计算,它大大超越了传统财务会计的基本框架,为会计直接服务于企业管理开创了一条新路。

总的来说,在传统管理会计阶段,认识和分析问题基本上还停留在技术层面上,并没有提到应有的理论高度。这可以说是一个总体性的缺陷。

(二)现代管理会计阶段

20 世纪 50 年代以后,各种管理理论和管理学派的出现极大地推动了管理会计的发展,管理会计发展进入现代管理会计阶段,主要表现如下:

(1)管理会计完成了从执行性管理会计向决策性管理会计的转变。20 世纪 50 年代以前的会计系统的重点放在为企业内部提高生产和工作效率服务,并不涉及决策咨询方面的问题。因为从 20 世纪初到 20 世纪 50 年代,社会物资缺乏,供不应求,企业的产品生产出来以后不愁没有销路,因而经营决策问题并没有在企业管理中引起足够的重视,被排除在会计视野之外。20 世纪 50 年代以后,资本主义世界进入了所谓的"战后期",资本主义经济出现了许多新的变化。一方面,现代科学技术突飞猛进并大规模应用于生产,使社会生产力获得十分迅速的发展;另一方面,资本主义企业进一步集中,跨国公司大量涌现,企业的规模越来越大,生产经营日趋复杂,企业外部的市场情况瞬息万变,竞争更加激烈。这些新的环境和条件,对企业管理提出了新的要求,迫切要求实施"管理重心在经营,经营重心在决策"的指导方针,把正确地进行经营决策放在首位。

(2)随着社会经济的发展和科学技术的进步,现代管理会计主要在以下几个领域取得了重要的进展和创新。

①企业管理深入作业水平,形成作业成本计算与作业管理。

②技术与经济相结合,形成目标成本计算和与之相联系的Kaizen成本计算。

③以成本的"社会观"为指导形成产品生命期成本计算。

④在管理会计中引进与应用行为科学。

⑤创建着眼于企业与金融市场共生互动的资本成本会计。

⑥创建着眼于社会价值链优化的战略管理会计。

⑦创建服务于正确实施可持续发展战略的环境管理会计。

⑧创建服务于正确实施全球发展战略的国际管理会计。

由此可见,现代管理会计已成长为一棵以基础性管理会计为主体的枝繁叶茂的大树。以上各个领域的进展和创新,使现代管理会计在广度、深度和高度上达到了一个新的水平。

(三)战略管理会计阶段

这一阶段约始于20世纪80年代,将延伸到以后较长的岁月,不断由较低级阶段向更高级阶段发展。

时代的变革导致企业经营环境的变化,经营环境的变化推动企业管理科学地发展。顺应这一发展趋势,战略管理应运而生。战略管理一产生,就凭借强调外部环境对企业管理的影响、重视内外协调和面向未来等特点显示出强大的生命力。企业管理观念和管理技术上的变化,对传统的管理会计产生巨大冲击,国内外学者以战略管理思想为指导,对管理会计理论与方法加以完善和改进,将其推进到战略管理会计的新阶段。

为适应管理理念从职能管理向战略管理的转变,国内外许多管理会计学者提出了战略管理会计这一新的研究领域,试图从管理会计视角,为企业战略管理提供有效的信息支持。

对战略管理会计概念的界定,国内外学者的认识尚不统一,但都反映出战略管理会计的一些基本特征,即重视外部环境和市场、注重整体等。战略管理会计是指为企业战略管理服务的会计信息系统,即服务于战略比较、选择和战略决策的一种新型会计,它是管理会计向战略管理领域的延伸和渗透。具体来说,它是指会计人员运用专门的方法为企业提供自身和外部市场以及竞争者的信息,通过分析、比较和选择,帮助企业管理层制订与实施战略计划,以取得竞争优势。战略管理会计的形成和发展不是对传统管理会计的否定和取代,而是为了适应社会经济环境的变化而对传统会计理论的丰富和发展。战略管理会计的宗旨立足企业的长远目标,以企业的全局为对象,将视角更多地投向影响企业经营的外部环境。

与传统管理会计相比,战略管理会计有以下一些特征。

(1)战略管理会计提供更多的非财务信息。战略管理会计克服了传统管理会计的缺点,大量提供诸如质量、需求量、市场占有份额等非财务信息,这为企业洞察先机、提高经营和竞争能力、保持和发展长期的竞争优势创造了有利条件。战略管理会计既能适应企业战略管理和决策的需要,也改变了传统会计比较单一的计量手段模式,因此,有人提出"战略管理会计已不是会计"的观点。

(2)战略管理会计运用新的业绩评价方法。传统管理会计绩效评价指标只重结果而不讲过程,其业绩评价指标一般采用投资利润率指标,忽视了相对竞争指标在业绩评价中的作用。战略性绩效评价是指将评价指标与企业所实施的战略相结合,根据不同的战略采取不同的评价指标。而且战略管理会计的业绩评价贯穿战略管理应用的全过程,强调业绩评价必须满足管理者的信息需求。

(3)战略管理会计运用的方法更灵活多样。战略管理会计不仅联系竞争对手进行相对成本动态分析、顾客营利性动态分析和产品营利性动态分析，还采取了一些新的方法，如产品生命周期法、经验曲线、产品组合矩阵以及价值链分析方法等。

第三节 管理会计的内涵

一、管理会计的概念

管理会计是一门学科，它利用会计资料和其他资料进行整理、计算、对比和分析，并向企业内部管理者提供经济决策所需的信息。

一门学科的本质通常以定义的形式来描述该学科的根本属性。管理会计的本质是一种经济管理活动，管理会计是经济管理工作的重要组成部分。国内外关于管理会计的定义有以下几种。

(1)管理会计是运用适当的技术和概念来处理某个主体的历史和预期的经济数据，帮助管理者制订具有适当经济目标的计划，并为实现这些目标做出合理的决策。

(2)管理会计是指在一个组织内部，对管理者用于规划、评价和控制的信息(财务的和运营的)进行确认、计量、累积、分析、处理、理解和传输的过程，以确保其资源的利用并对它们承担经济责任。

(3)管理会计是一门专业学科，在制定和执行组织战略中发挥综合作用。管理会计师是管理团队的成员，工作在组织中的各个层级，是会计与财务专家。管理会计师主要运用他们在会计和财务报告、预算编制、决策支持、风险和业绩管理、内部控制和成本管理等方面的知识和经验。

(4)管理会计是指通过一系列的专门方法，利用财务会计、统计及其他有关资料与信息进行归纳、整理、计算、对比和分析，使企业内部各级管理人员能据此对各责任单位部门做出最优决策的一整套信息系统。

自管理会计产生以来，国内外会计学界对管理会计的定义众说纷纭，莫衷一是。各种观点存在差异，但也有许多共同的地方。例如，都需要运用适当的方法和技术,都以向管理者提供信息,从而帮助其进行决策为目的。同时,国内外学者对管理会计的认识也是不断发展的,并且随着经济社会的发展,人们对管理会计的认识还将不断深化下去。

综上所述,管理会计是以实现企业战略为目标,以加强企业内部经营管理、提高企业经济效益为目的,以企业的整个经营活动为对象,通过对财务信息及其他信息的加工和利用,实现对企业经营过程的预测与决策、规划与控制、分析与评价等职能的一个会计分支。

二、管理会计的职能

为了实现管理会计的目标,管理会计应具有以下五项职能。

(1)预测经营前景。按照企业未来的总目标和经营方针,充分考虑经济规律的作用和经济条件的约束,选择合理的量化模型,有目的地预计和推测未来企业销售、利润、成本及资金的变动趋势和水平,为企业经营决策提供第一手信息。

(2)参与经营决策。根据企业决策目标搜集、整理有关信息资料,选择科学的方法计算有关长、短期决策方案的评价指标,并做出正确的财务评价,最终筛选出最优的行动方案。

(3)规划经营目标。在最终决策方案的基础上,将事先确定的有关经济目标分解落实到各有关预算中去,从而合理有效地组织协调供、产、销及人、财、物之间的关系,并为控制和责任考核创造条件。

(4)控制经营过程。将经营过程的事前控制同事中控制有机地结合起来,即事前确定科学可行的各种标准,并根据执行过程中的实际与计划发生的偏差进行原因分析,以便及时采取措施进行调整,改进工作,确保经营活动的正常进行。

(5)考核评价经营业绩。这一功能通过建立责任会计制度来实现,即在各部门、各单位及每个人均明确各自责任的前提下,逐级考核责任指标的执行情况,总结成绩和不足,从而为奖惩制度的实施和未来工作改进措施的形成提供必要的依据。

三、管理会计的特点

管理会计的特点主要表现在以下几个方面。

(1)服务于企业内部管理。管理会计的基本目标是服务于企业内部管理,目的在于提高经济效益,获取尽可能多的利润。

(2)方法灵活多样。管理会计通常在财务会计信息的基础上进行技术处理,突破了财务会计的传统模式,吸收和借鉴了管理学、微观经济学和现代数学的一些理论与方法,其特征主要是分析性的,具有很大的灵活性和多样性。

(3)面向未来的时间特征。管理会计服务于企业内部管理,面向未来是以未来的事件作为决策对象。管理会计信息主要是现时和未来的估计信息。

(4)会计信息不受会计准则约束。管理会计是为企业内部管理服务的,根据经营管理和决策控制的需要提供信息,不受会计准则的约束,其方法和程序具有很大的自由度和弹性。

(5)重视评价和控制的指标。管理会计服务于企业内部管理,特别重视评价和控制指标对人的行为的影响。

四、管理会计的基本内容

管理会计是服务于企业管理的,而企业管理最关键的职能就是规划与控制,管理会计作为为高层管理者提供信息服务的决策支持系统,其基本内容也主要划分为规划与控制两大部分。与规划密不可分的是预测,与控制密不可分的是业绩评价。因此,管理会计的基本内容包括两个方面,即规划与决策会计、控制与业绩评价会计。

(一)规划与决策会计

1. 规划

规划是管理会计系统中帮助管理者规划企业未来生产经营活动的子系统,主要包括全面预算管理体系。规划具体包括管理会计基础、计划和预算。

　　管理会计基础是管理会计的基本原理,并为管理会计的其他内容提供理论基础,主要包括成本性态分析、变动成本法及本量利分析。

　　计划主要是用文字说明企业未来经济活动的目标和任务,在实施前必须进行全面量化,以便为企业计划执行过程中资源的有效配置提供依据。

　　预算就是计划的数量说明,即用数字和表格形式把企业经济活动的计划具体地反映出来,以作为企业组织、控制和评价经济活动的直接依据。所谓全面预算,是指把企业全部经济活动的总体计划,用数量和表格的形式反映出来的一系列文件。全面预算就是企业总体经营战略规划的具体化和数量化的说明。

2. 决策

　　决策主要包括预测部分体系和以短期经营决策、长期投资决策为主的决策分析体系。

　　预测分析是指用科学的方法预计、推断事物发展的必然性或可能性的过程,该过程是根据过去和现在预计未来,由已知推断未知。企业的经营预测分析是指企业根据现有的经济条件和掌握的历史资料以及经济活动间的内在联系,对生产经营活动未来发展趋势的状况和结果所进行的预计和推断。

　　短期决策通常是指决策产生的结果只涉及一年以内的经营业务,并仅对该时期内的收、支、盈、亏产生影响的决策。

　　长期投资决策是指企业为了满足今后若干年生产经营的长远发展需要而投入大量资金,并期望获得更多回报的经济活动。这种投资影响并决定着企业的生产能力,因而这种投资需要的投资额往往比较大。

(二)控制与业绩评价会计

　　控制与业绩评价会计是管理会计系统中为管理者分析和评价过去、控制现在和未来的生产经营活动服务的子系统,具体包括以下三个方面的内容。

(1)标准成本法。标准成本法是将事先制定的标准成本与实际成本进行对比以揭示成本差异,进而对成本差异进行因素分析,并据此加强成本控制的一种会计信息系统与成本控制系统。

(2)作业成本法。作业成本法是以作业为核算对象,通过作业成本动因来确认和计量作业量,进而以作业成本动因分配率来对多种产品合理分配间接费用的成本计算方法。

(3)责任会计。责任会计是指根据预算和控制资料,运用责任会计方法,将企业按职责范围划分责任单位,并将预算确定的各项目标在各责任单位之间层层分解,在此基础上,为每一个责任单位编制相应的责任预算,并定期进行业绩评价。

第四节 管理会计与财务会计的区别和联系

有人说管理会计就是财务会计,实际不然,管理会计和财务会计虽然都是以货币作为主要计量单位,但二者有着明确的分工。

一、管理会计与财务会计的区别

管理会计与财务会计的区别主要表现在以下几个方面。

(一)职能不同

管理会计是规划未来的会计,其职能侧重对未来的预测、决策和规划,以及对现在的控制考核和评价,属于经营管理型会计。

财务会计是反映过去的会计,其职能侧重核算和监督,属于报账型会计。

(二)服务对象不同

管理会计主要为企业内部各管理层提供有效经营和最优化决策所需的管理信息,属于对内报告会计。

财务会计主要向企业外部各利益关系人提供信息,属于对外报告会计。

(三)约束条件不同

管理会计不受会计准则、会计制度的制约,其处理方法可以根据企业管理实际的情况和需要确定,具有很强的灵活性。

财务会计进行会计核算、会计监督,必须接受会计准则、会计制度的制约,其处理方法只能在允许的范围内选用,缺乏灵活性。

(四)报告期间不同

管理会计面向未来进行预测、决策,其报告的编制不受会计期间的限制,而是根据管理的需要编制反映不同期间经济活动的各种报告。

财务会计面向过去进行核算和监督,按规定的会计期间编制报告。

(五)会计主体不同

管理会计既要提供反映企业整体情况的资料,又要提供反映企业内部各责任单位经营活动情况的资料。

财务会计以企业为会计主体,提供反映整个企业财务状况、经营成果和现金流动的会计资料,通常不以企业内部各部门、各单位为会计主体提供相关资料。

(六)计算方法不同

管理会计在进行预测、决策时,要大量应用现代数学方法和计算机技术。

财务会计采用一般的数学方法进行会计核算。

(七)信息精确程度不同

由于未来经济活动的不确定性,管理会计提供的信息不能绝对精确。

财务会计反映发生或已经发生的经济活动,其提供的信息应力求精确。

(八)计量尺度不同

管理会计既可用货币量度,又可用非货币量度(如实物量度、劳动量度、关系量度等),对已发生或有可能发生的经营活动及其他经济事项进行数量确定。

财务会计几乎全部使用货币量度进行数量确定。

二、管理会计与财务会计的联系

管理会计与财务会计同属于企业会计的范畴,二者的联系主要表现在以下几个方面。

(1)起源相同。二者都是从传统的会计中发展和分离出来的。

(2)目标相同。二者的最终目标都是使企业获得最大利润,提高经济效益。

(3)基本信息同源。管理会计资料基本源自财务会计资料。

(4)服务对象交叉。二者服务对象区分并不严格,在许多情况下,管理会计信息可为外部利益集团所利用,财务会计信息对企业内部决策也至关重要。[1]

(5)某些概念相同。管理会计使用的某些概念与财务会计完全相同,如成本、收益、利润等,还有些概念则是根据财务会计的概念引申出来的,如边际成本、边际收益、机会成本等。

综上所述,管理会计与财务会计依据的资料是同源的,而核算和控制的内容、方法又是从两个不同渠道进行的。从最终反映的结果来看,二者又是合流的,形成有机的结合体。

---

[1] 刘萍,于树彬,洪富艳.管理会计[M].沈阳:东北财经大学出版社,2019.

第二章 管理会计的基本理论与基本方法

第一节 管理会计的基础理论

管理会计是一个管理控制信息系统,在理论上涉及一般系统理论、机制设计理论和行为科学。

一、一般系统理论

该理论包括系统论、信息论和控制论,即所谓"老三论",分别由美国生物学家贝塔朗菲、数学家香农和维纳于20世纪20年代至20世纪50年代创立,被称为亚哲学。一般系统理论的创立是人类在认识论和方法论上的一次巨大飞跃。

按照一般系统理论,世界上的任何事物都是一个由若干要素构成、具有特定功能的整体,即系统。系统是相对的,既可被分解为若干子系统,又从属于更大的系统。系统都具有功能或目的性,而功能或目的是通过反馈来实现的。反馈是一个监控过程,包括测度系统运行状态,控制者与被控者交换信息,矫正系统运行状态与功能或目的信息之间的偏差。根据一般系统理论,管理会计是一个管理控制信息系统,包括上级(控制者)和下级或员工(被控制者)两个主体,以及设定企业运营目标和监控目标执行两个要素。

二、机制设计理论

该理论由2007年诺贝尔经济学奖得主赫尔维茨、马斯金和迈尔森共同创立，主要研究如何在既定的经济或社会目标下设计一个机制（规则和制度等），使相关经济活动参与者的个人利益与设计者的既定目标保持一致。按照机制设计理论的说法，一个有效的社会经济机制包括信息与激励两个要素，并相应地解决两个基本问题：一是信息效率，即信息的种类和数量，也就是信息成本最小化；二是激励相容，即通过某种激励，使相关经济活动参与者在追求个人利益的同时也实现机制设计者的既定目标。

一般系统理论适用人类社会，也适用于自然界，因而没有专门研究社会系统，而机制设计理论研究的就是社会经济机制。机制就是系统，因此，可以将一般系统理论与机制设计理论结合起来研究管理控制系统。根据机制设计理论，可以很自然地在管理控制系统中增加一个激励因素，并且合乎逻辑地推论出：只要在管理控制系统或机制设计时，能够保障控制者与被控制者及机制设计者目标的激励相容，那么，控制者与被控制者就会为实现管理控制系统的目标而付出全部的努力。这体现了社会经济系统机制的特点，即在激励相容条件下，系统或机制以及被控制者的运行态势与系统目标之间差异的矫正，可以由原来控制者外部干预转变造成被控制者自身的自觉行为。在这个意义上，我们也可以说，激励为管理控制系统目标的实现提供了原动力，使被控制者由被动转为主动、由消极转为积极，使管理控制系统也成为一个自动或半自动的系统或机制。图2-1展示了管理控制系统的三个因素。

系统决定因素 （前因变量）	管理控制系统 （中间变量）	系统运行后果 （后果变量）
内部环境 高层主管意向 员工意识 专业人员知识 外部环境 经济制度 市场状况 技术应用	设计控制标准 连接战略 确定标准种类与数值 分解标准 监督标准执行 计量 比较/分析 反馈报告 奖惩标准执行结果	经济后果 组织利润 个人报酬 心理后果 个人满足 组织协调 社会后果 权力分配

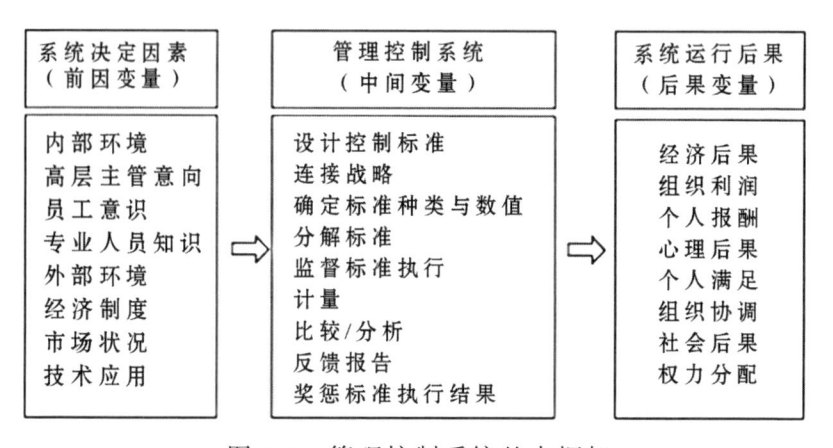

图 2-1　管理控制系统基本框架

三、行为科学

行为科学泛指社会科学各门类中有关人类行为的理论和方法,其中心理学、社会学、经济学尤为相关。心理学中的"行为学派"认为,个体行为是个体所处环境与个体特征相互作用的结果,在数学上是一种复合函数。按照该学派的观点,只要将管理控制系统拟人化,就可以研究管理控制系统中的控制者和被控制者的个体行为与互动行为,研究管理控制系统的环境决定因素和运行后果。决定因素主要是内部环境和外部环境中的相关因素,而运行后果则包括经济后果、心理后果和社会后果。由此,可以为管理控制系统搭建起一个基本的框架,如图 2-1 所示。从图 2-1 可以看出,系统决定因素决定了管理控制系统或管理会计系统,进而决定了系统运行后果。这给我们很多全新的启示。例如:管理会计的作用不仅取决于管理会计本身的完备性,还取决于环境因素;不同环境、不同管理会计系统可能达到相同后果;相同管理会计系统的运行后果不同,很有可能是环境所致(如环境的竞争或垄断);等等。更重要的是,该框架为研究和分析理论与实务问题提供了新的思路。

第二节 管理会计的应用理论

管理会计的应用理论是在管理控制系统基本框架基础上展开的,管理控制系统的动态结构和具体类型如下所述。

一、管理控制系统的动态结构

在社会组织中,控制的意义可以抽象为一个人对另一个人的影响;或者理解为 A 让 B 按照 A 的意图把 A 的事情办好,其中,A 是控制者,B 是被控制者。在现实的企业中,管理控制是一个系统,是管理当局按照选定的战略目标,驱动和驾驭企业成员向着战略目标行进并实现战略目标的机制。基于此,它包括作为控制者的管理当局和作为被控制者的企业成员两个主体,以及设计控制标准、监督标准执行和奖惩标准执行结果三个基本要素,如图2-2所示。为了便于理解,弄清以下几个要点是必要的。

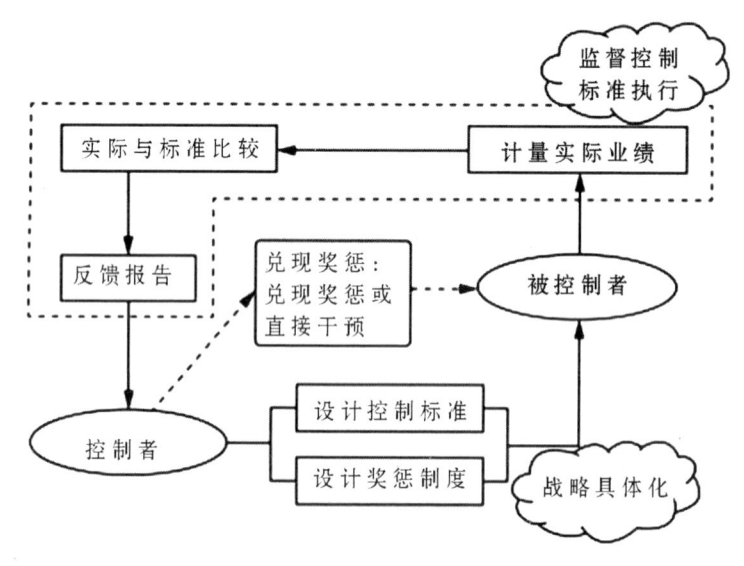

图 2-2 基于上级立场的管控系统

(一)控制者与被控制者及其关系

企业是层级组织。在企业中,管理当局是典型的控制者,一线员工是典型的被控制者,但在管理当局与一线员工之间还存在着若干中间层级,这些层级上的经理们既是控制者,也是被控制者。

在现代企业中,控制者与被控者、上级与下级是一种合作关系。控制者不会任意摆布被控制者,被控制者也不可能完全失去自主性。因为在理论上,控制者和被控制者关系成立的前提是双方在平等和自愿的基础上订立的契约,在现实中则是双方正式签订的、由法律保障的劳动合同。如果一方违约并造成另一方的损失,司法制度将保证受损方的损失能够得到违约方的足额补偿。这是市场经济的规则。

控制者与被控制者合作关系的另一项保障则是激励制度,它不仅能把控制者与被控制者的利益结合起来,还能够发挥被控制者的主动性和积极性。

(二)设计控制标准

在现代企业中,控制标准为管控系统规定了短期(通常为一年)内具体的运行方向。为了保持企业能够持续地、最大化地创造企业价值,在设计控制标准时,企业首先需要解决的问题就是如何将控制标准与战略衔接起来,从而使战略具体化,使管控系统成为战略实施的工具。控制标准与战略衔接的方法多种多样,但最规范、最系统的方法首推20世纪80年代以后出现的平衡计分卡和业务流程改进/再造两种方法。

设计控制标准需要解决的另一个重要问题就是控制标准的种类。一般来说,控制标准分为客观控制标准和主观控制标准。所谓客观控制标准,就是由控制者与被控制者事先制定的,或上级与下级双方同意的业绩考核指标,通常规定了计算公式,然后由被控制者去执行,最后由控制者根据事先同意的公式计算被控制者的业绩考核指标的完成情况,评定被控制者的实际业绩水平。客观控制标准又分为结果控制标准和过程控制标准。前者考核结果,假定过程应该与结果一致;后者考核过程,假定结果应该与过程一致。这与体操或跳水比赛中的自选动作和规定动作相类似。在企业管控实务上,大多数企业更倾向使用结果控制标准。例如,集团公司考核子公司所使用的经济增加值、利润、投资报酬率、产品合格率、市场占有率等指标都属于结果控制标准,都是按照既定的计算公式计算的。所谓过程控制标准,在企业管控实务上最典型的是内控制度,它规定被控制者完成某项作业所采取的步骤。在我国,企业过程控制标准主要由两部分组成:一是财政部主导的企业内部控制标准委员会发布的《企业内部控制标准》;二是企业根据自身需要制定的内控制度,其范围相当广泛。值得注意的是,我国绝大多数企业都有成本成套的内控制度,但将内控制度纳入控制标准的很少,其原因可能是缺乏可行的评价方法,也可能是控制标准过于繁杂,更有可能是企业管理当局的轻视。需要注意的是,在整个控制标准中,过程控制标准和结果控制标准的权重可大可小,但不可偏废。为了说明过程控制标准和结果控制标准,下面讨论"某钢经验"。

某钢铁公司是我国20世纪90年代成本管理的典型,其闻名于世的是"成本否决",即只要成本考核指标未完成,即使其他考核指标全部完成,也不能获得奖金。在这种制度下,所有层级、单位和员工都将成本控制和降低放在首位。例如,某炼钢厂的一位工人师傅负责在炼钢成品上用油漆做出标志,其月度油漆成本指标大概为30元。由于油漆都是小罐包装,每天下班时经常有剩下的半罐油漆。在实行"成本否决"制度之前,这些剩下的半罐油漆经常被熟悉的工友拿回家粉刷家具,但现在是"成本否决",油漆的成本不仅与企业有关,也涉及自己的利益,很有可能因为这些半罐油漆被工友顺手拿走而使自己的成本指标不能完成,被否决奖金。可是,这些工友都是熟人,他们拿的时候又碍于情面不好拒绝。因此,他想出一个两全其美的办法:将每罐油漆打开时,立即加进一些细沙子,这样就有了充分的拒绝工友将剩余油漆拿回家的理由。此后,他又发现,第二天这些剩下的油漆表面会结一层硬皮,只能扔掉,显然这是一种浪费。这位工人师傅经过反复思考,又想出一个办法:将每天剩下的半罐油漆中加些水,因为水与油漆不能融合,能起到"保鲜"作用,第二天使用时将这些水倒掉即可。

该案例中,用30元的油漆成本考核这位工人师傅,属于结果控制标准的范畴,但我们完全可以设计成过程控制标准,即规定:①准备好细沙子;②打开每罐新油漆时,立即加入细沙子;③下班时,如有剩余的半罐油漆,用水加满(当然,还需要事先准备好水);④上班时,检查是否有剩余的半罐油漆;⑤如果有剩余的半罐油漆,倒掉前一天加入的水,以作备用,如果没有,则进入第②步。这样,可以不考核30元的油漆成本,而是按照过程控制标准考核。在企业实务上,结果控制标准与过程控制标准并非相互排斥,最好的办法是搭配使用。在这个案例中,继续将30元作为这位工人师傅的考核指标,但同时选择一些过程标准,例如,只是将"打开每罐新油漆都要加细沙子""每天如果有剩余的半罐油漆都要加满水"纳入控制标准,其他可以忽略不计了。如果用油漆做标志的还有其他工人师傅,这种混合考核办法的效果会更好。

下面我们再讨论主观控制标准。主观控制标准也称主观业绩评价,是指控制者或上级根据印象、感觉和偏好对被控制者或下级的实际业绩进行评价。也就是说,作为控制标准,被控制者事先知道谁将评价他的业绩、大概从哪些方面评价他的业绩,至于具体评价标准和方法,都将无法像客观控制标准那样以书面形式表示出来。最知名的主观业绩评价方法是英特尔公司发明的"360度评价",即每位员工都要由其上级、下级、同事和客户进行评价。值得注意的是,一个企业的控制标准如果完全或者主要建立在主观业绩评价的基础上,是很危险的。这不但会诱发员工相互串通,激化员工之间的矛盾,打击员工的士气,而且会使管控系统偏离目标,给企业战略目标的实现造成负面影响。但这并非否定主观控制标准的采用,而是说它只有与客观控制标准合理搭配使用时,才能发挥出积极作用。这主要表现在四个方面:一是矫正客观控制标准与战略的偏差;二是补充客观控制标准不能囊括的非定量因素之不足;三是调节薪酬分配;四是维护上级权威性。

(三)监督控制标准的执行过程

当控制者或控制者与被控制者共同制定控制标准之后,被控制者将按照控制标准的要求采取行动,最终实现控制标准。值得注意的是,在被控制者执行控制标准的过程中,控制者并非置身于事外,而是对执行过程进行严格监督。监督过程包括三个因素:计量、分析、反馈。

计量的功能是反映被控制者执行控制标准的进度和结果。财务控制标准由会计系统提供,非财务控制标准由统计系统提供,主观控制标准则由打分取得。

分析是将计量的实际进度和结果与控制标准比较,确定二者是否有差异;如果有差异,将继续分解差异,并查找原因,追溯责任和拟定整改措施。如何拟定整改措施取决于奖惩制度是否有效。在奖惩制度有效的条件下,控制者通常不采取任何措施,而是由被控制者"自裁",让奖惩制度发挥作用。但在差异特别大的情况下,还是应该由控制者拟定整改措施。

反馈的功能是将分析结果以报告形式报送给控制者。反馈报告通常分为专业和管理两种。专业反馈报告用于业务部门,应尽量翔实;管理反馈报告提供给控制者,应尽量简括和有用。需要注意的是,控制者对于反馈报告的内容,如是否采取措施,采取什么措施比较恰当,什么时间采取措施等问题,必须做出自己的评估或决策。

(四)设计奖惩制度

所谓奖惩制度,在操作层面上,就是将控制标准与奖惩资源有机地结合起来。奖惩制度是管理控制系统运行的原动力。我们已经简要地讨论过控制标准,这里只讨论奖惩资源。一般来说,奖惩资源分为精神奖惩资源和物质奖惩资源,或内在奖惩资源与外在奖惩资源两种。精神或内在的奖惩资源包括标兵、先进工作者等;物质或外在的奖惩资源分为货币奖惩资源(如现金或股票、期权等现金等价物)与非货币奖惩资源(如住房、配车、疗养等),货币奖惩资源又分为变动奖惩资源和固定奖惩资源。比较而言,物质奖惩比精神奖惩更重要,货币奖惩比非货币奖惩更重要,变动奖惩比固定奖惩更重要。由于奖惩制度是管理控制系统的基本要素,因而对上级来说,即使出现控制标准的差异,也不一定非要采取干预措施,因为有效的奖惩制度可以将被控制者执行控制标准的强迫性转化为遵守控制标准的自觉性和主动性。

没有奖惩制度的管理会计只能"见数见物不见人""重技轻道"。[1] 因为企业利益相关者的利益都或多或少、直接或间接地通过奖惩制度与管理会计信息相联系,而在一定意义上,人的行为又被利益所驱动,因此,一定的管理会计信息代表着利益相关者一定的利益和一定的行为取向,不同的管理会计信息代表着利益相关者不同的利益和不同的行为取向。重要的是,由此一来,通过改变管理会计信息,可以将利益相关者引导和保持在实现企业战略目标的轨道上。这正是管理会计的"灵性"之所在。

总之,管理控制系统在动态上是一个确定和实现控制标准的过程。在这个过程中,监督和奖惩同样发挥着不可或缺的作用。简言之,在企业中,上级要想通过下级实现自己的意图,必须做好三件事情:设计控制标

---

[1] 李冰,张显瑞.管理会计[M].长春:吉林人民出版社,2020.

准,设计奖惩制度,设计监督程序。唯有如此,自己的意图才能实现,才能从琐碎的事务中摆脱出来,把自己的时间用在创造最大企业价值上。

二、管理控制系统的具体类型

管理控制系统概念的使用非常广泛。在管理会计中主要包括以成本、预算、平衡计分卡、管理驾驶舱、企业社会责任为基础的五类管理控制系统。这五类管理控制系统的框架都是相同的(即包括两个主体、三个要素),不同点主要在于控制标准方面。

(一)成本管控系统

该系统的显著特点是以成本为控制标准,其目的主要有三个:一是降低成本,使成本水平低于竞争对手;二是控制成本,使未来的成本水平与现在设定的成本水平相符;三是提供成本相对价值,用比竞争对手更少的投入取得比竞争对手更多的产出。

成本管控系统本身也有多种类型,包括美国传统的标准成本制度和现代的作业成本制度,日本的目标成本制度和改进成本制度,我国的责任成本制度,德国的弹性成本计划与控制制度以及跨组织成本管理、质量成本管理和环境成本管理等。成本管控系统之间的差别主要在成本降低的途径不同。例如:标准成本制度主要通过"动作时间研究""工程方法"来降低单位产品的直接材料成本和直接人工成本,重点是直接成本;作业成本制度主要通过流程优化以剔除或压缩不增值作业来降低产品或服务成本,重点在于间接成本和非制造成本;目标成本制度是在产品研发和设计阶段通过采用新技术、新工艺、新材料等降低产品成本,重点是研发和设计阶段;改进成本制度通过在一线员工中树立主人翁意识,调动他们的积极性,从"一星一点"做起,力争产品成本"一年更比一年低",重点在生产阶段;我国责任成本制度通过指标责任的压力和个人利益的驱动来降低产品成本,重点是原材料成本。

此外,还有战略成本管控系统的说法,强调成本控制标准与战略的结合。实际上,现代成本管控系统的基本点就是与战略相结合——无论是否称为战略成本管控。

(二)预算管控系统

该系统的控制标准是预算,包括利润预算、现金预算、预计资产负债表和资本预算,它们代表着未来的股东价值。由于利润预算包括成本预算和收入预算,因而预算管控系统实际上包括成本管控系统。预算管控系统的目的主要有四个:一是计划和控制,保障企业经营活动符合企业战略目标;二是整合,将企业各层级、各单位和各位员工有机地连接起来,围绕着企业战略目标而运作;三是要配置财务资源,既要保障财务资源以及由此引起的物质资源的供给,也要保障财务资源的利用效率和效果;四是简化管理,通过预算审批授权和有效的预算监督程序设置,保障上级或预算管理者从琐碎的财务事务中摆脱出来。

无论是预算编制还是预算执行,都是在企业整体和在企业内部组织结构两个基础上完成的。在企业整体上,预算编制主要是编制预计的三张财务报表(利润表、现金流量表和资产负债表),预算执行结果就是实际的三张财务报表。尽管预算执行过程中肯定还有监督,但相对来说比较简单,适用于小型企业。对大型企业来说,通常都基于组织结构编制企业内部各层级、各单位的预算,然后再汇总成为整个企业的预算。只要按照会计项目和组织机构两个基础编制预算,就能与责任会计完全对应上,这样,所谓责任会计无非是预算的执行过程。

(三)平衡计分卡管控系统

该系统的控制标准是平衡计分卡。平衡计分卡作为控制标准至少由财务、客户、内部业务流程、学习与成长四类业绩考核指标构成。平衡计分卡管控系统的基本目的是将企业管控系统的范围由单一的财务控制扩展为财务与非财务联合的控制,将财务与经营活动结合起来,以反映企业经营环境的变化对企业管理提出的新要求。由于平衡计分卡中财务类业绩考核指标就是预算或者根据预算计算的指标,因而,平衡计分卡管控系统包括预算控制系统。

需要指出的是,平衡计分卡管控系统提升了财务类业绩考核指标及其所代表的股东价值的重要性。尽管有客户、内部业务流程、学习与成长等类指标的引进,但财务业绩考核指标以及股东价值仍然是出发点和归宿。

(四)管理驾驶舱管控系统

管理驾驶舱借用了飞机驾驶舱的意义。民航飞行员驾驶着飞机将乘客送达目的地,这与一家企业或者企业某个部门的经理实现企业或部门的经营目标和战略目标一样。飞行员主要依靠布满飞机驾驶舱的仪表仪盘,企业经理则依靠控制标准。管理驾驶舱控制标准包括结果控制标准、过程控制标准和主观控制标准。应该指出的是,结果控制标准以平衡计分卡为基础,本身就是一张平衡计分卡,因此,管理驾驶舱管控系统包括平衡计分卡管控系统。

(五)企业社会责任管控系统

该系统的控制标准是企业社会责任。企业社会责任是企业对其利益相关者承担的责任,并据以发展出若干业绩考核指标。理论上,反映经济责任的业绩考核指标应该与管理驾驶舱的控制标准一致,也就是说,企业社会责任管控系统包括管理驾驶舱管控系统,是"口径"最宽大的管控系统。在现实中,尽管很多企业每年发布社会责任报告,一些专业组织也在积极研究和制定操作方案,但离纳入企业管控系统还有一定距离。

第三节 以组织层级为基础的管理控制系统

典型的企业都被层级化或结构化。企业层级可简化为高层、中层和基层。这种划分与传统管理会计中有关责任中心的界定相吻合。从历史上看,企业的每个层级都有特殊的管理问题,需要不同的信息,在解决这些问题和满足相关信息需要的过程中,每个层级都形成了独特的但又与其他层级相互联系的管控系统,并在企业管理中发挥着无以取代的作用,其相关的知识和技能也得到不断丰富和发展。

图 2-3 是某高级食品公司的简化组织层级图。参照图 2-3,我们讨论

企业的高层、中层和基层及其相应的管控系统。

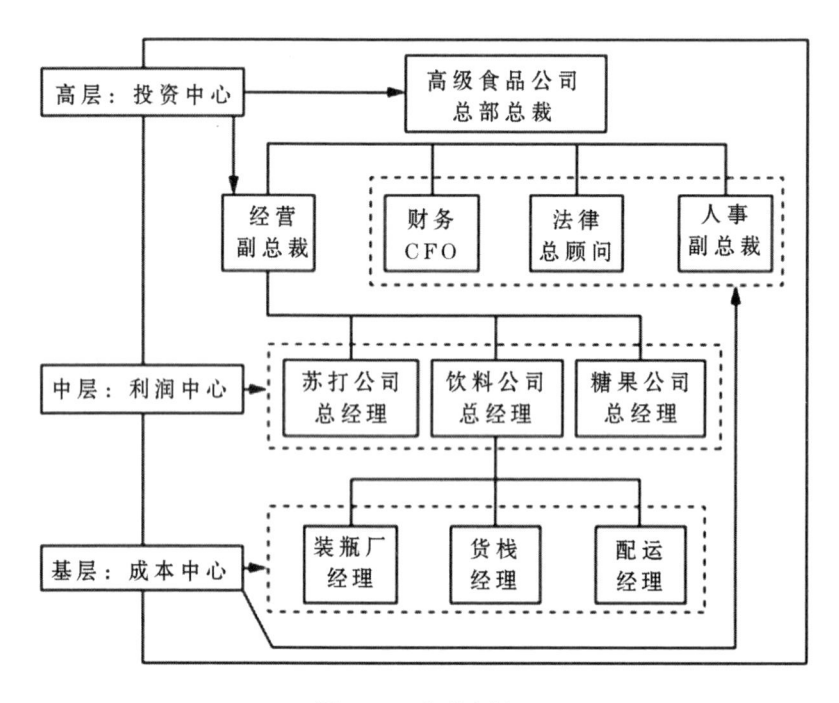

图 2-3　企业层级

一、基层及其管控系统

企业的基层就是作业层次,通过该层次,各种生产要素被有机地结合起来以生产产品或提供服务。例如,汽车公司的基层是生产线、车间或工段,百货商店的基层是柜组,会计师事务所的基层是项目组,等等。在教科书中,以制造业企业为典型说明层级是一种比较流行的做法,但其中的基层仅指生产部门中的作业层次。这是一种最狭义的基层概念,相当于人们常说的基本生产,在图 2-3 中就是装瓶厂、货栈和配运。如果稍微拓宽定义的边界,我们就可以发现,职能部门中也有作业层次,也属于基层的范围,在图 2-3 中,就是财务、法律和人事等部门,因为这些部门中不可能无人作业。实际上,对制造业企业来说,最广义的基层概念包括采购、生产、销售和职能科室四个部门,换言之,制造业企业每个部门都有基层或作业层次。需要注意的是,如果将制造业企业的生产去掉,那就是商业企业的基层;如果将制造业企业的采购去掉,并将生产部门变成业务部门,那就是服务业企业的基层。

在管理上,基层所面临的核心问题是作业效率,即在竞争环境下,如何以比竞争对手更少或者相同的投入取得比竞争对手更多的产出。以货币计量的投入就是成本。管理会计一直把基层当作成本责任中心,这就是说,各基层单位经理应该对本单位所发生的成本及其数额承担责任。所谓基层管控系统,正是在成本责任中心的基础上,以成本作为基本控制标准所构建起来的机制,其控制者是中层经理,被控制者则是基层经理,其构成要素也是标准、监督和奖惩。

毫无疑问,基层管控系统的控制标准首先是成本。但在现代企业的运营环境下,不是用成本"返促进"基层效率,而是用基层效率"直接"控制成本。换言之,成本管控不仅是成本本身,更重要的是成本背后的东西,即所谓成本动因——影响成本是否发生、发生数额多少的因素。因此,在基层管控系统的控制标准中,除了成本标准之外,还需要那些能够表达成本动因的标准。例如,某公司下属生产家电变压器的工厂,其考核指标就包括单位成本、残次品数量、一次交检通过率、准时交货率、生产周期、车间在制品存货、在制品周转率、产成品存货、不合格品成本、不合格品率、工人跨岗培训等十多项指标。其中大部分指标看起来不像是考核成本,但仔细研究就会发现,如果这些非成本指标不能完成,成本指标也不可能完成,除非指标的数值设定不准确。

在理想状态下,基层管控系统是以成本为主导、以基层管理驾驶舱为基础的管控系统。也就是说,在设计基层管控系统的控制标准时,应该从成本出发,按照平衡计分卡原理开发关于成本的结果控制标准;按照业务流程改进/再造原理开发关于成本的过程控制标准;还可以增加有关成本的主观控制标准。但这并不否认特定企业根据自身实际情况,选择成本管控系统、预算管控系统或者平衡计分卡管控系统作为自己的基层管控系统。

二、中层及其管控系统

典型的企业中层由该企业内部相对独立和完整的经营单位组成,属于多分部组织结构。经营单位也称战略经营单位或分部,可能是分公司、子公司,也可能是工厂或者单独的采购、销售或生产部门。所谓相对独立和完整,是指每个经营单位都有自己的产品和市场,财务、技术和人力资源等各项管理都能配套。大多数情况下,中层包括基层,不但将产品或服务有效率地生产出来,而且要提供给客户。从图2-3可以看到,饮料公司作为高级食品公司中层的经营单位包括装瓶、货栈和配运三个基层单位,该图未能展示的采购和销售等基层单位也应该包括在饮料公司之中。苏打公司和糖果公司都是高级食品公司的中层单位,也包括若干基层单位。

在管理上,中层所面临的核心问题是整合,即如何将中层各经营单位,以及每个经营单位的各层级、各环节、各部门、各员工有机地连接起来,围绕着企业总体目标而运作,实现"多元同心"。[①] 管理会计一直将中层经营单位当作利润中心或者投资中心,这就是说,中层经营单位对本单位成本和收入或者资本效率(例如投资报酬率)承担责任。所谓中层管控系统,正是在分部基础上,以利润或基本效率为基本控制标准所构建起来的机制,其控制者是高层经理,被控制者则是中层经理,其构成要素也是标准、监督和奖惩。

历史上最早出现的中层整合模式为"杜邦通用模式",即以投资报酬率为标准、以分部为基础的预算管理系统。从20世纪20年代到20世纪80年代风靡西方国家的大公司,此后被平衡计分卡管控系统所取代。20世纪90年代在我国集团公司出现的以资金预算和财务结算中心为基础的中层整合模式,迄今仍在流行。应该说,无论预算还是平衡计分卡管控系统都还有"用武之地",但对中层而言,其理想的管控系统是以利润或资本效率为主导、以中层管理驾驶舱为基础的管控系统。换言之,中层管控

[①] 魏亚平.管理会计[M].北京:电子工业出版社,2021.

系统的控制标准应该是按照平衡计分卡开发的关于利润或资本效率的结果业绩指标;按照业务流程改进/再造开发的关于利润或资本效率的过程控制标准;当然也少不了主观控制标准。但必须注意,中层管控系统与基层管控系统是整体与部分的关系,不能混淆。

三、高层及其管控系统

高层享有企业最终决策权,决策权源于资本所有权,而资本又是企业运营的基础,因此,企业原始和终极的目的不仅在于保持资本价值,更重要的是为资本所有者或者股东创造价值。股东价值的创造必须以股东和客户之外的利益相关者(如员工、商业伙伴、社区/公众等)的需要为约束条件。在这样的背景下,如何将那些处于企业经营管理过程之外的股东对资本增值的要求传达到企业高层管理者,为企业高层管理者所坚持并贯彻到中层和基层,则是企业高层管理的核心问题,其解决方案就是建立企业治理结构。

企业治理分为法人治理和经营治理两个部分。法人治理的基本功能在于保障企业运作方向符合股东对资本增值的要求,而经营治理的基本功能在于保障股东对资本增值的要求成为现实,二者之间的连接点则是企业战略。应该看到,企业治理实际上是一个管控系统,法人治理偏重以过程控制标准为基础,而经营治理更偏重以结果控制标准为基础。就管控主体而言,高层管控系统应该包括三个环节:一是股东对董事会和监事会的管控;二是董事会对管理层的管控;三是高层管理者对中层的管控。这里讨论的高层管控系统仅指第二环节。

在管理会计中,企业高层一直被当作投资中心,即使有些企业将投资决策的权力下放到中层,也不例外。企业高层必须对整个企业投资或资产利用的效果(如利润、经济增加值)和效率(如每股收益、投资报酬率),承担义不容辞的责任。高层管控系统的控制标准首先以投资或资产效果和效率为主导,其次也应该兼顾非财务控制标准、过程控制标准和主观控制标准。换言之,在理想状态下,企业高层管控系统是以投资或资产的效果和效率为主导、以高层管理驾驶舱为基础,兼顾企业社会责任的管控系统。

国内外企业发展的历史表明,董事会对高层管理者管控的主要手段是年薪制、销售收入、利润共享、期权激励。年薪制本质上属于主观控制标准,也就是说,如果董事会认为高层管理者业绩不佳或决策失误,可能的选择是聘用合同到期不再续聘,或者聘用合同到期之前罢免或强迫其辞职。销售收入和利润都属于财务指标,不仅易于操纵,而且局限于短期。也就是说,用销售收入或利润作为管控企业高层管理者的标准不一定确保他们的行为不偏离战略,不偏离为股东创造价值的目标,因此也不被看好。至于期权激励,是用股票价格作为标准的一种施加。按照"有效市场假说",股票价格确实反映所有信息,也受到这些信息的影响,但其中相当多的信息并不代表高层管理者的业绩,也不在他们的控制范围之内。"牛市"期间多数股票价格上涨,从而期权价格上涨,即使高层管理者业绩不好也可能得到奖赏,这是运气好;"熊市"期间多数股票价格上涨,从而期权价格下跌,即使高层管理者业绩好也可能蒙受损失,那是运气坏。所以,期权激励的使用也要特别谨慎。必须声明的是,我们并非彻底否定这些控制标准,而是说不能单独地,也不能不顾企业内外环境的变化使用这些标准。

其实,高层管控系统的控制标准首先是投资或资产利用的效果和效率,以反映股东价值;其次是反映企业商业模式,因为通过商业模式可以发现提高投资或资产利用的效果和效率的驱动因素或股东价值动因,这些可通过管理驾驶舱管控系统得以解决;最后是反映企业社会责任,即如何在满足其他利益相关者需要的条件下保证股东价值最大化,这是最根本的战略问题,但目前尚无成熟的操作方法,仍是理论和实务界今后努力的方向。

这里还需要强调的是,高层、中层和基层的管控系统首先相对独立,其次相互连接、相互依存,共同构成企业管控系统。所谓连接和依存,一是整体与部分的关系;二是战略制定、落实和实现的过程;三是企业价值创造的不同分工。

第四节　管理会计基本方法

20世纪80年代以来,企业管理领域最重要的创新成果是平衡计分卡与业务流程改进/再造。它们对管理会计的影响很大,以至于它们自身都变成现代管理会计的基本方法。具体影响表现在三个方面:一是消除了战略与会计的隔膜,在技术上将二者紧密地连接起来;二是消除了企业的业务活动与财务活动的隔膜,在技术上将二者连接起来;三是消除了高层、中层和基层之间的隔膜,在技术上将三者结合起来。可以说,没有平衡计分卡和业务流程改进/再造,很难有现代化的管理会计。

一、平衡计分卡

1992年,卡普兰和诺顿在《哈佛商业评论》上发表了《平衡计分卡——驱动业绩的指标体系》,这标志着平衡计分卡正式诞生。在这之后,对平衡计分卡的研究和应用风靡全世界,使管理会计重新焕发生机,并影响到战略与人力资源等学科。平衡计分卡与业务流程改进/再造触发了一场真正的管理革命。

在发明平衡计分卡之前,美国企业的控制标准都是财务指标。20世纪80年代以后,美国企业经营环境发生根本性变化,单纯财务指标作为控制标准的弊端暴露无遗,严重削弱了美国企业的竞争力。一是消费者市场取代生产者市场,而财务指标则不能反映客户需要(如价格低、质量高、品牌等);二是信息社会取代工业社会,企业基本赚钱方式由依靠实物资本投资转变成无形资产(如人力资产、信息资产、组织资产、声誉等)投资,财务指标也不能完整地反映无形资产;三是财务指标"天生"易于被操纵、扭曲。平衡计分卡应运而生。

在管理会计中,平衡计分卡是用于开发结果控制标准的基本方法,包括以下三个要点。

(一)业绩指标设计的模板

基于美国企业的经验,卡普兰与诺顿认为,企业业绩考核指标或控制标准至少包括财务、客户、内部业务流程、学习与增长四个视角,即所谓的平衡计分卡(如图 2-4 所示)。其中,每个视角都包含若干业绩考核指标。例如:财务视角包含投资报酬率、净资产报酬率、经济增加值、利润、成本等指标;客户视角包含市场份额、客户保持率、客户满意度、客户盈利能力等指标;内部业务流程视角包含每百万零部件残缺点、投入产出比率、浪费、废料、返工、退货、质量成本等指标;学习和增长包含职工满意度、职工流动率、培训、技能开发、信息准确性等指标。

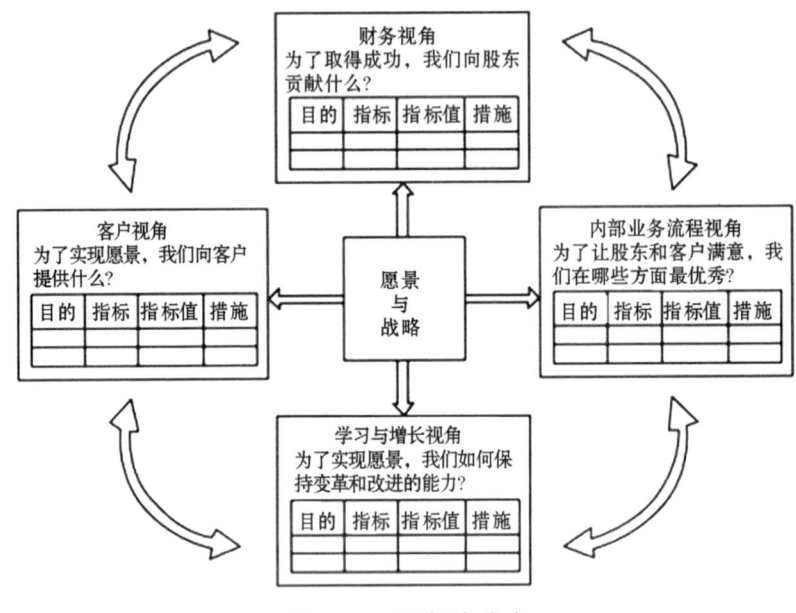

图 2-4 平衡计分卡

平衡计分卡的四个视角并非松散地拼凑在一起,它们之间存在着内在的逻辑关系。财务视角体现着股东价值,是平衡计分卡的出发点。也就是说,企业要为股东创造价值。但在市场竞争条件下,创造股东价值的前提是创造客户价值、满足客户需要。客户价值难以计量,但我们可以发现客户需求,即所谓"客户价值构成要素",如价格低、质量高、品牌大、功能齐全、服务优质等。那么,如何满足客户需要呢?这只能根据客户需要设计最优秀的内部业务流程,如运营流程、客户管理流程、创新流程、行政管理流程等。为了保证内部业务流程真正优秀,必须有配套的人力资源、信息资源和组织资源,即所谓学习与成长视角为支撑。反过来说,之所以需要人力资源、信息资源和组织资源,其目的在于保持内部业务流程的优秀,而优秀的内部业务流程又是为满足客户需要、创造客户价值,无疑,创造客户价值只是为了创造股东价值。因此,在平衡计分卡中,股东价值既是出发点,又是归宿。

由于四个视角之间存在着内在的逻辑关系,因此,财务与非财务业绩指标、会计与企业业务活动也合乎逻辑地连接在一起。

(二)战略转换的工具

战略转换包括两种:一是将长期的战略目标转换为短期(或年度)的业绩指标;二是将企业整体目标转化为局部的、员工的日常工作。

从图2-4中可以看到中间的"愿景与战略"。从长期目标到短期业绩指标的战略转化,就是将"愿景与战略"转换为财务、客户、内部业务流程、学习与成长四类短期业绩指标。从图2-4中还可以看到,表示四个视角的长方形下方,都有四个相同术语,即目的、指标、指标值、措施。这表明了"愿景与战略"转换成每类业绩指标的步骤。换句话说,"愿景与战略"首先转化为四个视角的"目的",然后根据每个视角的"目的"设计"指标",或用"指标"来表达"目的",之后赋予"指标"数值,最后制定实现指标数值的措施。如此一来,战略与财务和非财务业绩指标、战略与经营细节(指标和措施)等有机地结合起来。

第二种战略转换是从整体到部分,图2-5展示了这个转换过程。从图2-5中可以看到,在公司高层有一个平衡计分卡,然后依次分解到工厂、车间、班组。值得注意的是,从上而下或者整体到部分的转化,是一个组织分解的过程,而从下而上或者从部分到整体观察,看到的则是一个组织整合的过程。

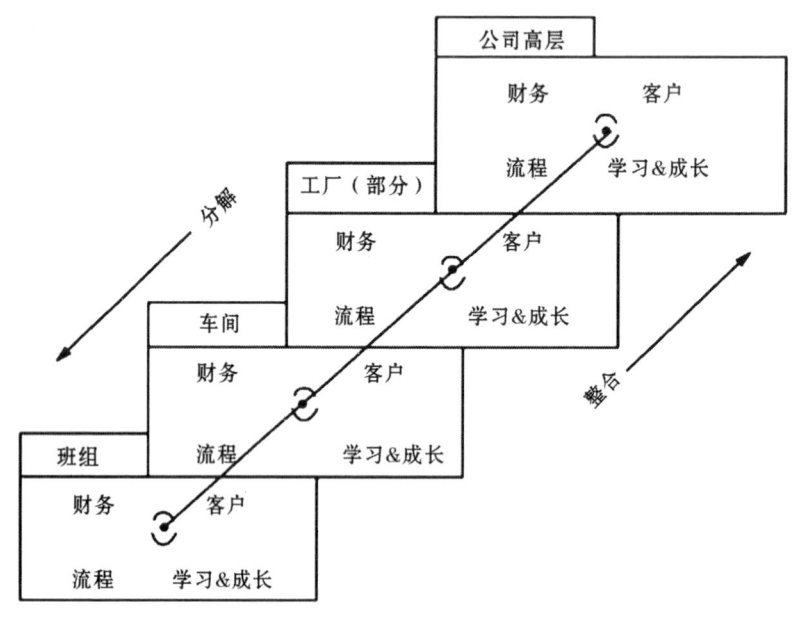

图 2-5 战略的分解

(三)以战略地图为基础

在战略转换中,"指标"是根据"目的"推导出来的,而目的实际上是根据战略地图确定的。所谓战略地图,就是在平衡计分卡四个视角的基础上描述创造股东价值的动因或企业价值驱动因素。在实务上,专业人员只有与本层级最高管理者进行深入和广泛的讨论,才有可能绘制出切实可行的战略地图。在技术上,战略地图绘制的标准方法就是从财务视角出发,依次向客户、内部业务流程、学习与成长三个视角延伸,最终完成战略地图。对于这种绘制方法,卡普兰和诺顿已经给出绘制模板。但是,战略地图的绘制方法并非一成不变,根据实际需要,平衡计分卡中的任何一个视角都可能成为绘制战略地图的出发点。

此外,平衡计分卡也是一种全新的管理思维方式,有助于管理者提高执行力和预见性。按照平衡计分卡的原理,企业精益生产属于内部业务流程的视角,需要弄清的首要问题是通过精益生产能够满足客户哪些需要,能否增加股东价值;此外,还要弄清楚实行精益生产需要员工具备哪些技能、信息系统如何配合、激励制度如何体现等。企业只有弄清楚这些问题,才有可能实施精益生产。至于提高预见性,也不难理解,因为客户、流程、学习与成长都是股东价值的驱动因素,但时间上有差异,客户因素可能很快就反映到财务视角上,而学习与成长因素则需要较长的时间,通过流程和客户才反映到财务视角上。因此,当我们发现人力资源因素向着负面变化的时候,如果不进行调整,迟早会影响财务视角。

二、业务流程改进/再造

国际税收专家汉默在1990年发表了《工作再造:并非自动化,而是置之死地而后生》一书,之后,质量管理和绩效改进专家哈林顿在1991年出版了《业务流程改进》,标志着业务流程改进/再造(BPI/R)方法正式诞生。在管理领域,业务流程改进/再造方法与平衡计分卡方法同等重要,前者强调过程,后者强调结果,二者互相补充,共同推动着管理领域变革的扩展和深化。美国管理会计师协会(The Institute of Management Accountants,IMA)在2012年发表的研究报告表明,各类组织中的会计和财务专业人士当今所面临的最大挑战是如何通过优化流程和提高生产率来降低成本,再次确认了业务流程改进/再造的重要性。

(一)作业、流程与组织

所谓流程,是指为达成特定目的而按顺序联系起来的作业。作业的英文是activity,也可译为活动,是指具有特定目的工作单元,如厨师制作汉堡、班主任与学生谈心、工人调整机器设备、销售人员接受一份订单、会计人员打印一张报表等。流程的目的与作业的目的是主次关系。

无论在文献中,还是在实务方面,所谓的作业链、供应链、价值链都是流程,但又有细微的区别。通常,我们将企业内部相互联系的诸项作业称为作业链,将企业外部诸项相互联系并与企业相关的作业称为供应链,将优化的作业链或供应链称为价值链。

流程与作业的概念具有层级性,既可分解又可综合。流程由作业构成,而流程又构成组织;作业可细分为任务,任务可细分为步骤,步骤可细分为动作。因此,组织、流程、作业、任务、步骤、动作这样一个从一般到具体的树状图构成了全新的组织结构。至于在具体环境中,哪个环节是组织、作业、任务、步骤或动作,完全取决于研究的对象和需要解决的问题,都是相对的。正是由于组织、流程与作业的特点,业务流程改进/再造才有可能将现代企业管理深化到"分子水平",才有可能将信息技术应用到管理过程。

(二)流程的绘制与种类

绘制流程就是针对特定目的界定作业并将相关作业连接起来的过程。例如,绘制制造业企业的经营流程,其目的是获得销售收入,其可能作业包括承接订单、准备生产要素(招聘员工和采购材料)、生产、配运、收回货款等,最后将这些作业连接起来就是经营流程。

界定作业的方法很多,管理实务上最常用的有观察法(现场写实)、访谈法(与当事人面对面交流)、头脑风暴法(组织相关人员讨论)。相对来说,作业界定方法比较简单。将界定的作业连接起来的方法也很多,最常用的方法是投入产出法,即在作业界定的基础上,继续界定这些作业的投入与产出,然后根据作业之间的投入产出关系,将作业连接成流程。例如,前面提到的经营流程中的"生产"作业,其投入是生产要素,其产出是完工产品,而"准备生产要素"作业的产出是生产要素,"配运"作业的投入是产成品,如此,我们就可以将"准备生产要素""生产""配运"三项作业连接在一起。

根据表达形式,流程图可分为框图、标准流程图、职能流程图和地理流程图四种类型。所谓框图,就是将相关作业用长方形框"框起来",然后用线段将长方形框连接起来即可。标准流程图是根据美国国家标准中心规定的12种绘图符号绘制的流程图,职能流程图的最大特点是将当事人融入流程图,从而清楚地表明每个当事人所承担的作业或职能。地理流程图就是将执行作业的每个地理位置连接起来形成的流程图。

(三)流程优化

在哲学意义上,流程是客观的。这就是说,每个人都在流程中生活,企业及其他所有组织也都在流程中运作。对于个人或企业及其他组织来说,可能的选择在于是否意识到自己的流程的存在并将它们明确地表达出来,在于自己的流程所处的状态是"盲目的"还是"优化的"。毫无疑问,正确的选择是将流程明确表达出来并予以优化,然后再遵照执行。其中,关键因素是流程优化。

所谓流程优化,最简单的理解就是将构成流程的各项作业分成增加价值作业和非增加价值作业,然后将非增加价值作业剔除或者将其压缩到最小。据此,人们可以计算特定流程增加价值作业时间占流程总时间的比率,以此来评估流程的效果与效率。

问题在于什么是增加价值作业,以及何为价值?一种说法是增加价值作业就是符合战略目标的作业;另一种说法是增加价值作业是符合主要当事人需要的作业。其实,这两种说法并不矛盾。战略就是企业价值,就是利益相关者的需要或者以其他利益相关者的需要为约束条件的股东需要。如果将流程当事人当作利益相关者,那么,增加价值的作业符合战略需要和符合当事人需要,具有相同含义。价值就是当事人的需要,增加价值就是满足当事人需要。

需要指出的是,作业或流程当事人的需要之间往往存在着矛盾。一般来说,如果企业处于竞争市场,通常将客户需要排列在股东需要之前,如果其他利益相关者觉醒程度比较高,那么股东需要可能排在最后。

按照哈林顿的归纳,流程优化的方法有11种,包括增值评估、简化、缩减周期时间、差错防御、更新升级、语言简洁、标准化、建立供应伙伴关系、全面改进、自动化、机械化。这里主要说明增值评估方法。

图2-6为评估一项作业是否为增加价值作业的流程图。如果一个流程的每项作业都经过如此评价,那么该流程自然就得到了优化。该图中有三个关键点需要注意:一是该项作业评价的标准是客户需要;二是有产出并且能够满足客户需要的才是增值作业;三是没有产出,也不能满足客户需要,但能够实现业务职能的则为业务增加值作业。只有那些既不能

满足客户需要又无助于实现业务职能的作业,才是非增加价值的作业。显然,以当事人需要为标准来评估和优化作业,其结果是很自然地将战略导入作业,将经营细节与战略结合起来。

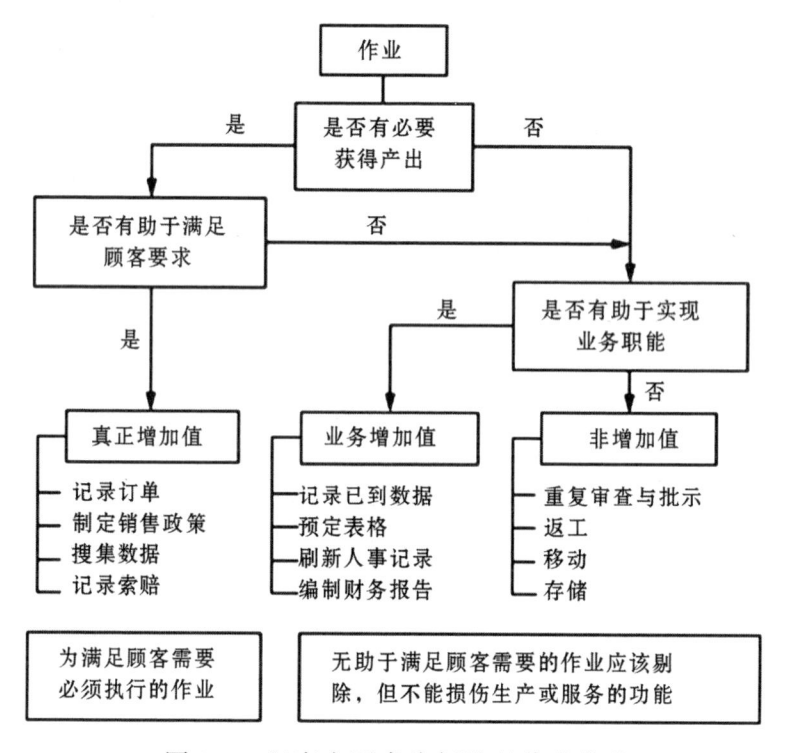

图 2-6 以客户要求为标注的作业优化

(四)管理会计与业务流程改进/再造

业务流程改进/再造方法对于现代管理会计的发展至关重要,主要表现在三个方面:一是管控系统中过程控制标准或者内控制度设计的基本工具。有效的内控制度一定是根据优化的流程编制出来的。二是有助于实现管理会计创造价值的使命。以流程为基础作业成本制度,通过流程优化剔除现有的非增值作业,剔除作业中隐藏着的浪费和低效率,创造价值,自不待言。通过将流程优化引入利润规划过程也将是一个有前景的发展领域。三是为管理会计信息化提供了基础。企业的流程可以分为生产流程、业务流程和管理流程,在制造业企业,与其对应的计算机软件分别为计算机集成制造系统、企业资源规划和办公室自动化。我国会计实务中,需要在企业资源规划中增加管理会计因素,并与计算机集成制造系统、办公室自动化紧密结合,消灭企业中存在的信息孤岛。

第三章 全面预算

我国传统观点中,预算通常是指一定时期内财务收支的预计金额。而管理会计中的预算是指企业未来一定时期内全部生产经营活动计划的数量说明,不仅仅是一种预计金额的反映。

第一节 全面预算的内涵与编制程序

一、全面预算的含义与内容

全面预算是以数量、金额的形式表示企业未来一定期间(通常是一年)内全部生产经营活动的各项目标及其资源配置的定量说明,是未来的经营计划。即在预测与决策的基础上,按照规划目标和内容对企业未来时期的销售、生产、收入、成本、现金流量、财务状况和经营成果等以计划的形式具体、系统地反映出来,以便科学、有效地组织、协调、控制企业的全部生产经营活动,完成既定目标。它既是预测与决策的进一步综合,又是执行和控制的开端,故全面预算亦称为总预算。

全面预算将预算编制原理、技术应用于企业的全部生产经营活动领域,实现对企业整体生产经营活动过程的预算控制,并将企业下属各部门的预算统一于总预算体系。因此,全面预算不是一种单项预算,它是由一系列预算按其经济内容及相互关系有序排列形成的有机结合体。全面预算主要包括业务预算、财务预算和专门决策预算三个部分。

(一)业务预算

业务预算是指与企业计划期间的日常业务直接相关,具有实质性的基本活动的预算。业务预算通常与企业利润表的计算相关,主要包括销售预算、生产预算、直接材料预算、直接人工预算、制造费用预算、单位生产成本预算、销售与管理费用预算等。业务预算分别以实物计量与价值计量反映企业收入与费用的具体构成。

(二)财务预算

财务预算是指与企业计划期间的现金收支、经营成果和财务状况相关的各项预算,主要包括现金预算、预计利润表、预计资产负债表、预计现金流量表等。若现金预算编制得比较详尽,则预计现金流量表可以省略。

(三)专门决策预算

专门决策预算是指企业不经常发生的、一次性业务的预算。它不涉及经常性的经营预测与决策事项,而是需要投入大量资金并在较长时期(通常为一年以上)内对企业发生持续影响的投资决策,如固定资产的购建、改建、扩建、更新等,都应在事前的可行性研究分析的基础上编制专门的决策预算,具体反映投资的时间、规模、效益及资金的筹措方式等。因此,专门决策预算亦称为资本支出预算。由于该类预算所涉及的长期投资决策事项各不相同,因而预算无统一格式,需要根据具体情况自行设计。

企业全面预算在经营目标的统驭下,各项预算前后衔接,相互勾稽,形成一个有机的完整预算体系。其具体情况如图 3-1 所示。

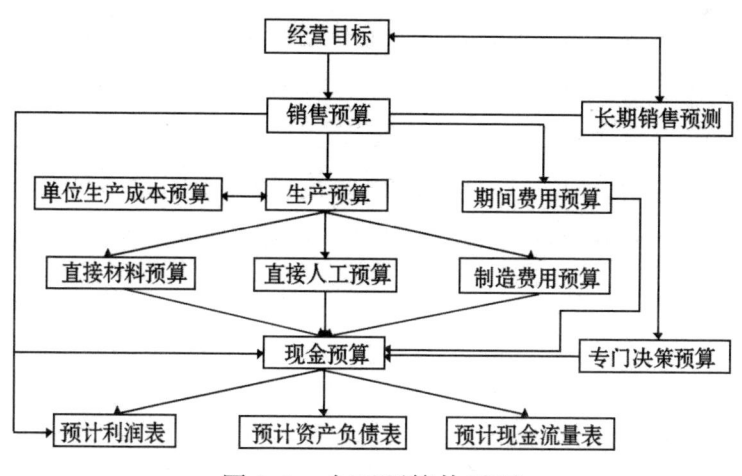

图 3-1 全面预算体系图

二、全面预算的作用

(一)明确工作目标

全面预算作为企业的整体经营计划,规定了企业未来一定期间内的总目标以及各部门的具体目标,并将制定目标的主要依据、设想和实现目标的基本措施、方法等做了详细说明。这样就使企业各部门、各级人员都能做到心中有"数",了解本单位的生产经营活动与整个企业经营目标之间的关系,明确各自的岗位职责和努力方向,并通过本单位具体目标的实现,保证企业总目标的实现。

(二)协调部门关系

在社会化大生产条件下,企业要想实现其预期的经营目标,必须依靠企业内部各部门、各单位的通力配合、相互协调和均衡发展。[①] 全面预算通过其预算体系能够沟通各部门、各单位的个别(分项)预算,保证整个企业的供应、生产、销售、财务及各项管理工作协调一致、统筹发展,消除生产经营活动各部门和管理工作各环节的矛盾与冲突,形成一个为实现企业总体经营目标而协同努力的有机整体。

(三)控制日常活动

全面预算的编制既是企业整个生产经营活动控制的开端,也为日后日常经济活动的实施与控制提供了具体依据。在预算执行过程中,将各项指标的实际完成数与相应的预算数相比较,能够及时揭示实际脱离预算的差异及成因,以便总结经验教训,采取有效措施纠正偏差,消除薄弱环节,从而使企业的各项日常经济活动处于预算指标的控制之下,以保证预算目标的最终实现。

(四)提供考评标准

全面预算所确定的各项指标,直接为检查、考核和评价各部门、各单位、各层次的工作业绩提供了基本尺度。通过全面预算的执行情况与完

---

① 蔡智慧,绳朋云,施全艳.现代会计学与财务管理的创新研究[M].北京:中国商务出版社,2023.

成情况的检查,能够真实统一地考评各方面的工作业绩,分析偏离预算指标的程度与原因,划清经济责任,兑现奖惩,促使企业各部门、各单位、各层次的人员为实现预算的既定目标而努力工作。

三、全面预算的编制程序

编制全面预算是一项涉及面广、时间性强、工作量大、操作复杂的工作。为保证预算编制有条不紊地进行,通常都专设一个由企业总经理牵头,各方面的高级管理人员组成的预算委员会,由该委员会负责预算的编制并监督其具体实施。

为了科学、合理地编制全面预算,一般应遵循以下基本编制程序。

(一)明确经营目标

全面预算的编制与企业未来一定期间的特定经营目标密切相关。为了编好预算,首先必须明确企业经营的总目标,以及企业内部各部门、经营管理各层次、生产经营活动各领域所应达到的具体目标与分项要求,这是全面预算编制的前提条件和基本依据。明确地讲,编制完成的全面预算应该是企业在未来一定时期经营目标的综合说明,是销售、利润、成本、资金等目标的具体化。

(二)草拟分项预算

分项预算是企业内部销售、生产、供应、行政管理等部门,根据企业经营的总目标与各部门的具体目标所草拟的初步预算。它既是各部门在预算期内从事生产经营活动与管理活动必须达到的预定目标的最初反映,也是编制企业全面预算的基础。各部门应该结合自身的工作特点和实际工作情况,以科学、认真的态度草拟本部门的分项预算。

(三)编制总体预算

企业预算主管部门应该认真调查研究各部门上报的草拟分项预算,严格评定其可行性;同时,企业预算主管部门应本着统筹兼顾、相互协调、全面安排、综合平衡的原则,在各部门草拟的分项预算的基础上,实施分析、调整与汇总,编制反映整个企业在预算期间应该完成的总体预算,并报送企业决策机构审批。

(四)下达正式预算

企业全面预算经企业决策机构审批后,即为正式预算。正式预算通常由企业管理机构逐层下达,落实各部门的分项预算。通过下达、落实各部门的分项预算,既可分清各部门的责任关系和具体目标,又可对其日常生产经营活动和管理活动实施科学、有效的全面预算控制,为保证企业经营目标的实现奠定基础。

四、全面预算的编制期间

在企业的全面预算中,业务预算与财务预算的期间通常为一年,这样可使预算期间与会计期间相衔接,便于预算执行结果的考核、分析与评价。

年度预算应有分季指标,其中,即将执行的第一季度还应有分月指标,以后季度顺序类推,按月分解预算指标。在一个月份内的有关现金预算数,还可根据实际情况按旬或按周进一步细分。

通常在本年度的第三季度期满后,即可着手编制下个年度的业务预算与财务预算。按规定程序进行预算的编制、报送、审批等各项工作后,至年底应形成完整预算并颁布下达。至于专门决策预算的编制期间,一般应根据长期投资决策的实际情况具体制定。

第二节　全面预算的编制

一、销售预算

销售预算是安排预算期销售规模的业务预算。它是编制全面预算的起点与关键,也是其他预算编制的前提。

销售预算通常是在销售预测的基础上,依据目标利润所确定的销售量、销售单价、销售收入进行编制,即

预计销售收入＝预计销售量×预计销售单价

实际编制销售预算,先按商品名称、数量、单价、金额、销售地区及销售对象等项目编制,然后进行归类汇总;在销售预算表的下方,一般应有预算期间的预计现金收入计算表,列示前期应收账款的收回与本期销售货款的收入。

二、生产预算

生产预算是根据销售预算预计的商品销售量编制的安排预算期生产规模的业务预算。

按照以销定产、产销结合的原则,预算期间的商品生产量既要能满足对外销售的需要,又不能过多占用库存商品资金。因此,预算期生产预算还必须考虑预算期初的预计存货量和预算期末的预计存货量等因素的影响。其计算公式为:

预计生产量＝预计销售量＋预计期末存货量＋预计期初存货量

生产预算的实际编制,通常是按商品生产品种分别编制。为了合理确定商品生产量在预算期的分布排列,还必须根据销售预测研究商品销售的均衡性和季节性,防止储备不足、产销脱节或超储积压资金等。

三、直接材料预算

直接材料预算是根据预计商品销售量与生产量编制的安排预算期材料采购数量和采购成本的业务预算。

直接材料预算以生产预算为基础,同时考虑期初、期末材料存货量进行编制。其计算公式为:

预计材料采购量＝预计材料耗用量＋预计期末存料量－预计期初存料量

式中,

预计材料耗用量＝单位商品材料耗用量×预计商品生产量

直接材料预算表下方通常附材料采购预计现金支出,其计算公式为,

采购材料预计现金支出＝上期采购材料预算期预计现金支出＋

预算期采购材料预计当期现金支出

四、直接人工预算

直接人工预算是根据生产预算的预计商品生产量编制的安排预算期生产的人工工时消耗水平和人工成本的业务预算。

直接人工预算以生产预算的预计生产量、单位商品工时耗用定额、小时工资率为依据编制。若商品生产过程中直接人工为两个或两个以上工种时,应先按工种类别分别计算人工成本,然后归集汇总编制。其计算公式为:

预计直接人工成本＝预计直接人工总工时×预计小时工资率

式中,

预计直接人工总工时＝预计商品生产量×单位商品直接人工工时

五、制造费用预算

制造费用预算是指根据生产预算编制的除直接材料与直接人工以外的安排预算期其他一切生产费用的业务预算。

在变动成本法下,制造费用应按成本性态划分为变动制造费用与固定制造费用两个部分。对于固定制造费用项目,一般以上一年实际开支水平结合预算期的变动情况分析确定;对于变动制造费用项目,通常根据预计的分配率和各季度的预计业务量来确定,其计算公式为:

$$变动制造费用预算分配率 = \frac{变动预算费用总额}{预计生产量(或预计工时等)}$$

制造费用预算表的下方通常附有相应的预计现金支出部分,以便为编制现金预算提供资料。生产部门的固定资产折旧费虽属固定制造费用,但无需现金支出,故在计算预计现金支出时应剔除掉。

六、单位生产成本预算

单位生产成本预算是指根据生产预算、直接材料预算、直接人工预算和制造费用预算编制的安排预算期单位商品标准成本的业务预算。

在变动成本法下,单位生产成本主要包括单位直接材料成本、单位直接人工成本、单位变动制造费用等。其计算公式为:

单位生产成本＝单位直接材料成本＋单位直接人工成本＋单位变动制造费用

在实际编制单位生产成本预算时,通常还同时编制期末库存商品预算,以便为财务预算的编制提供相应资料。

七、销售与管理费用预算

销售与管理费用预算是指安排预算期在生产业务以外的商品销售与行政管理费用的业务预算。

在变动成本法下,销售与管理费用同样应按成本性态划分为变动费用与固定费用两个部分。销售与管理费用预算的具体编制方法,与制造费用预算的编制方法类似。为便于现金预算的编制,该预算表的下方也应附有反映预算期间销售与管理费用的预计现金支出。

八、现金预算

现金预算是指安排预算期现金收支、余缺,以及资金筹集与运用的财务预算。现金预算要依据业务预算及专门决策预算中的有关资料编制,通常包括以下四个部分。

(1)现金收入,包括预算期初的现金余额和预算期的现金收入。其资料来源主要是销售预算。

(2)现金支出,即预算期预计发生的全部现金支出。其资料分别来源于直接材料预算、直接人工预算、制造费用预算、销售与管理费用预算、专门决策预算等。

(3)现金余缺,即现金收入合计与现金支出合计轧抵后的余额。收大于支,现金有多余,余额为正数;支大于收,现金出现短缺,余额为负数。

(4)资金的筹集与运用。根据预算期现金收支差额和企业的财务管理政策,确定预算期筹集、使用、偿还资金或短期投资、收回资金的数额。

若有必要,还可根据现金预算中的利息收支情况编制单独的财务费用预算。

九、预计利润表

预计利润表是指以货币形式综合反映预算期生产经营活动最终经营结果的财务预算,故也称为利润预算。

预计利润表能够概括地反映企业在预算期间的盈利能力情况,且有助于对前述各项预算结合预计的利润实现情况进行相应的检查与修订,使之相互衔接,趋于合理。编制预计利润表的资料主要来源于业务预算、专门决策预算、现金预算等。

十、预计资产负债表

预计资产负债表是反映企业预算期末财务状况的总括性财务预算。编制预计资产负债表能够观察和了解企业预算期内资产与权益变动的结果,总括掌握财务状况,以便及时研究对策,加强预算管理控制。预计资产负债表的编制应以预算期初的资产负债表为起点,应用业务预算、专门决策预算和财务预算的相关资料分析填列。

第三节 弹性预算、零基预算与滚动预算

一、弹性预算

上述全面预算是按预算期内某一特定业务量水平编制的,其基本特征表现为:①以预算期内预定的某一业务量水平为基础编制各项预算指标,不考虑预算期内业务量水平可能发生的变动情况;②业绩考评只以已确定的特定预算指标为依据,不考虑预算期内实际业务量的变动情况。该种预算方法对于业务量水平较为稳定的企业或非营利组织进行预算控制管理是比较合适有效的,但对于业务量水平经常变动的企业,特别是当

实际业务量水平与预算业务量水平相差较大时,该种预算既不便于日常的预算执行控制,又不便于业绩的正确考核与评价。

为了弥补上述缺陷,弹性预算应运而生。所谓弹性预算,是依据预算指标与业务量之间的数量关系,按预算期可预见的不同业务量水平分别编制的预算。由于预算随业务量的变动做相应调整,富有弹性,故称为弹性预算或变动预算。其基本特征表现为:①按预算期内某一相关范围可预见的不同业务量水平确定预算指标,扩大了预算的适用范围,便于预算指标的调整;②以按实际业务量调整计算而确定的预算指标为依据对业绩进行考核与评价,具有客观、可比的现实基础。

由于未来业务量的变动会影响收入、成本和利润等方面,所以弹性预算适用于全面预算中与业务量有关的各种预算。在实际的预算控制管理中,最常见的是成本弹性预算与利润弹性预算。其基本编制程序如下:

(1)确定预算期内可能的业务量变动范围。一般取正常业务量的70%~130%,或以历史最高业务量与最低业务量为其上、下限。

(2)选择业务量的计算单位。弹性预算应选择具有代表性的业务量计量单位,如生产量、人工工时、机器工时、销售量、销售额等。

(3)进行成本性态分析。按照成本与业务量的依存关系,将全部成本划分为变动成本与固定成本两大类,并确定成本函数 $y = F_c + V_c x$。

(4)确定预算期内不同业务量水平的预算额。分析业务量范围内的收入、成本的发生水平与变动情况,编制弹性预算的各种指标。

二、零基预算

传统的预算编制方法一般以基期实际发生数或前期预算为基础,适当考虑预算期的业务量和其他相关因素的预期变动,调整、确定各项预算指标。在基期水平上增加一定的百分比,通过调整有关原有费用项目而编制预算的方法即为增量预算法;在基期水平上减少一定的百分比,通过调整有关原有费用项目而编制预算的方法即为减量预算法。传统预算方法的主要优点是易于理解,便于操作。但由于预算的编制以基期的实际执行结果为基础,不可避免地受到过去的既成事实的束缚,易使过去的某些不合理因素长期因循沿袭,造成预算的浪费或不足。

为了克服传统预算方法的不足,美国德州仪器公司在20世纪60年代末首先提出零基预算的编制方法。目前,零基预算成为众多企业进行间接费用预算控制的有效方法。

所谓零基预算,全称为"以零为基础的编制计划和预算的方法",是指对预算期的预算支出以零为基底,从实际需要与可能出发,按照一定顺序排列,依次分配预算的方法。由于零基预算不是以现有的费用开支水平为基础,而是一切以"零"为起点,分析规划预算期的业务活动和费用开支标准,衡量其经济效益和支出的必要性,因此,编制零基预算必须排除旧因素,权衡新因素,重新分析研究预算项目的必要性与规模大小,合理分配现有的经济资源,以确定预算期的各项预算指标。

零基预算的具体编制,通常按以下程序进行。

(1)确定预算目标。由企业决策部门根据预算期的总体经营目标和各部门的具体目标,以零为基础确定各预算项目及其相应预算数额。

(2)实施"成本—效益"分析。对各项预算项目的"所费"与"所得"进行计算、比较和分析,并按轻重缓急和效益高低的顺序排列。

(3)分配经济资源。通常将所有预算开支项目分为必要项目、需要项目、合理项目三大类,经济资源的分配首先优先确保必要项目,同时又要使需要项目与合理项目得以均衡、协调发展。

三、滚动预算

前述业务预算、专门决策预算、财务预算通常都是定期编制的,其优点是与会计年度相配合,便于预算执行情况的考核、分析与评价。但是,这种固定按期(通常为一年)编制预算的方法也存在着明显的缺陷:一是年度预算一般是提前两三个月着手编制,此时较难准确预测预算期的某些业务活动,特别是对预算期的下半年更是如此,往往只能提出大概的框架预算,从而不利于预算的具体执行与控制管理;二是定期预算不能适应预算期内实际外部环境与内部条件变化引起的业务活动的变动,使得预算的适应性大打折扣;三是在预算执行过程中受预算期的限制,使得多数决策人员的视野局限于剩余预算期内的活动,不利于企业长期稳定地发展。

为了弥补定期预算的缺陷,很多企业采用滚动预算方法编制预算。所谓滚动预算,是指预算期随着时间推移而顺序延伸的一种连续性预算。其基本特点是预算始终保持在一个特定的时间长度(通常为 12 个月),预算每执行一个月后,即根据预算的执行过程与结果并结合新的情况变化,对剩余的 11 个月的预算加以修订、调整,并自动后续递补一个月的预算,逐期往后滚动,始终保持 12 个月的年度预算。故滚动预算亦称为永续预算或连续预算。

在编制滚动预算时,一般采用"近细远粗"和"长计划短安排"的原则。具体来说,就是即将要执行的前三个月的预算要详细完整,便于预算的执行与控制,后几个月的预算可以略为粗些,便于今后根据新的情况进行调整与修订;随着时间的推移,原来较粗的预算逐渐从粗变细,后面随之递补新的较粗预算,如此往复,不断滚动。滚动预算编制的理论依据主要有三个方面:一是依据企业会计持续经营的时间假设,企业的生产经营活动是连续不断的,所以企业预算控制应全面、完整地反映这一连续不断的生产经营过程;二是企业的生产经营活动往往受到多种因素的影响,随着时间的推进,有时会出现各种预先难以估计的事件;三是人们对未来客观事物的认识也是由粗到细、由简单到复杂、由抽象到具体的过程,因而滚动预算方法符合人的认识规律。

与传统的定期预算相比,滚动预算的要优点包括:始终保持预算的完整性与连续性,有利于人们从动态预算中把握未来,掌握企业的总体规划和近期具体目标;随时根据前期预算的执行结果和近期的情况变化不断调整与修订预算,有利于充分发挥预算的控制管理作用;促使各级管理人员始终保持对未来 12 个月甚至更长远的生产经营活动进行全盘规划,确保预算的具体执行有条不紊地进行。

滚动预算的不足包括:预算编制工作较为繁重,且代价较大;预算期与会计年度脱节,不能与财务会计核算相衔接。

第四章　质量成本管理

随着科学技术的发展,人类社会的生产力水平也在不断提高。各种新产品的面世使得消费者多样化的需求逐步得到满足,消费者对产品的需求不再局限于数量,更体现在产品的质量上。消费者进行购买决策时不再停留于产品能否满足其特定需求的层面,而是上升到产品能在多大程度上满足这种特定需求。在提供同等质量产品或服务的情况下设法降低成本,或在同等成本水平的基础上设法提高产品或服务的质量水平,是企业应对日益激烈的国内外竞争环境不得不思考的问题。产品的质量已成为企业立足市场的基本条件,加强质量管理不仅可以增强企业的竞争能力,还能更好地满足消费者对高质量产品的需求。产品质量的提升是需要代价的,质量成本则是考核产品质量与成本关系的重要指标。

第一节　质量与质量成本

一、质量的含义

人们常常将产品某一方面的性质作为评判产品质量高低的标准,这一特定方面的性质也渐渐成为某种产品质量的替代概念,如电器的耐用程度、药品的疗效、衣物的用料等。针对不同种类的产品,"质量"一词的概念也会有所不同。要研究质量与成本之间的关系,需要一个一般性的抽象概念,而不是具体的质量特性。美国著名质量管理专家朱兰最早给质量下的定义是:质量就是产品的适用性,即产品在使用时能成功地满足用户需要的程度。朱兰还进一步从设计质量、符合性质量、可靠性质量、现场服务质量四个方面来解释质量的概念。本章的分析主要集中在符合性质量层面。在理解质量的概念时需要结合设计要求和顾客需求两个不同的维度。企业在设计生产产品时也需要从两个方面来考虑产品的质量问题:一方面,产品的质量应该基于消费者的需求,企业针对消费者的某种具体的需要来不断完善自身的设计。如果一个产品在设计上达到了较高的水平,但是脱离了消费者的实际需求,消费者的需求并没有得到有效满足,那么这样的产品难以称得上高质量。另一方面,如果产品的设计要求已经完全超出了消费者的需求,消费者需要为满足特定需求之外的设计支付额外的成本,这同样不是高质量的产品。质量不是产品的一个固有属性,是消费者对产品或服务所感知的优良程度,对质量好坏的评判需要消费者的参与。这也意味着,企业应该关注产品的质量,想要改善产品的质量,就需要从了解消费者的需求开始。

国际标准化组织(International Organization for Standardization, ISO)对质量的定义:一组固有特性满足要求的程度。其中,"特性"定义为可区分的特征,特性可以是定性的或定量的,也可以划分为具体的类别,如物理特性、功能特性、时间特性等;要求则是指明示的、通常隐含的或必须履行的需求或期望。

质量标准是企业生产产品、检验和评定产品质量标准的依据,是产品质量特性的定量表现。产品质量标准并不是一成不变的,随着科学技术的发展,人们对产品的需求不断提高,对产品质量的要求也会随之改变。不同的用户对同一类型产品的质量要求有所不同,用户的年龄、性别、职业、受教育程度、经济状况、生活习惯等都是影响其对产品质量要求的因素;同一用户对同一类型的产品在不同时间会有不同的质量要求。社会的发展,技术的进步,以及人类生活水平的提高,不断地改变着人们的消费需求和消费习惯。技术的不断革新使得产品的功能越来越强大,性能越来越优异,也在不断地淘汰当前的产品。人们使用产品的外部条件不同,对产品的质量要求也会不同。由于自然条件、技术环境以及人文因素的不同,用户对产品的质量要求也会有所差异。此外,社会环境以及政治经济因素都会让用户对产品质量的要求发生改变。因此,企业要以动态的、发展的眼光,结合用户及其所处的社会经济条件制定产品质量标准。

二、质量成本

产品服务质量的提升需要付出相应的成本,从市场的调研、产品服务标准的制定与执行,到产品的测试与检验,以及不合格产品的淘汰,都需要企业付出相应的经济资源来保证。企业要想在市场竞争中占据有利地位,必须拥有比竞争对手更高的效率,质量管理的过程同样要强调其经济效益。质量成本是指企业为了保证产品达到一定质量标准而发生的成本,这一概念涉及企业管理中的生产技术与经济效益两个层面。

20世纪60年代,全面质量控制之父、美国质量管理专家菲根堡姆首次提出了"质量成本"的概念。菲根堡姆综合考虑了产品质量的预防费用、检验费用以及产品不合格所造成的损失,在《全面质量管理》一书中将质量成本划分为四类,即预防成本、检验成本(也称鉴定成本)、内部失败成本和外部失败成本。他的理论为质量成本管理奠定了基础。而后朱兰将质量成本比作"矿中黄金",把企业减少不合格产品的损失比作一座尚待开发的金矿,人们应该尽可能地去进行有利的开采。

国内外质量管理专家对质量成本的定义和划分提出了不同的意见,但普遍认为质量成本可划分为以下四类。

(一)预防成本

预防成本是为防止产品质量达不到预定标准而发生的成本,是为防止质量事故的发生以及最大限度降低质量事故所造成的损失而发生的费用。一般来说,预防成本发生在产品生产之前的各阶段。这类成本包括以下几部分费用。

(1)质量工作费用。质量工作费用指质量管理体系中,为预防、保证和控制产品质量而开展的质量管理活动所发生的办公费、宣传费、搜集情报费,以及编制手册、制定全面质量管理计划、开展质量管理小组活动、组织质量管理工作和工序能力研究等所发生的费用。

(2)标准定制费用。质量管理需要制定相应的质量标准,而作业标准的评估、测试审查等环节都会产生一定的费用,这就是标准定制费用。

(3)教育培训费用。质量管理的实施最后都要落实到管理者和员工身上。对企业员工进行质量管理方面的教育,以及为提升员工作业水平而进行的相关后续培训所产生的一系列费用,可视为预防成本中的教育培训费用。

(4)质量奖励费用。质量奖励费用指在生产或服务过程中,为了激励员工达到质量标准而实行的奖励措施所带来的费用。

(二)鉴定成本

鉴定成本是为保证产品质量达到预定标准而对产品进行检测所发生的成本,如原材料或半成品的检测、作业的鉴定、流程验收、设备检测以及外部批准等方面发生的检验费用。鉴定成本具体可细分为以下几部分费用。

(1)检测工作的费用。某些检验需要送到外部单位进行,此时需要支付一定的检测费用,这就是检测工作的费用。

(2)检测设备的折旧费用。这类费用不仅包括检测所需仪器的折旧或维护费用,还包括检测场所建筑的折旧或维护费用。

(3)检测人员的费用。具体包括对原材料、产品或流程进行检验的员工的工资福利费用。

(三)内部失败成本

内部失败成本是指产品进入市场之前由于产品不符合质量标准而发生的成本,这部分成本包括废料、返工、修复、重新检测、停工整修或变更设计等的费用。鉴定成本以及内部失败成本都发生在产品未到达顾客之前的阶段。

(四)外部失败成本

外部失败成本是指存在缺陷的产品流入市场以后发生的成本,如产品因存在缺陷而错失的销售机会,问题产品的退还、返修,处理顾客的不满和投诉等所发生的成本。外部失败成本一般发生在产品被消费者接受以后的阶段。

一般来说,企业能够控制预防成本和鉴定成本的支出,因此这两种成本属于可控质量成本;而无论是内部失败成本还是外部失败成本,企业都无法预知其是否会发生,一旦发生失败成本,其费用的多少往往不能在事前得知,因此失败成本属于不可控质量成本。

美国质量管理专家哈灵顿注重从社会范围考察质量成本,将用户损失、用户不满成本、信誉损失等外部质量保证成本单独作为一类加以反映。用户损失是指由于产品质量不符合用户的要求而给用户带来的损失;用户不满成本是指因产品质量不符合用户的要求,引起用户不满而导致企业丧失盈利机会所带来的损失;信誉损失是指因产品质量不合格而导致企业形象受损,并由此带来经济损失,如销量下降、存货积压、融资困难等。

不同行业的企业在运作模式、规模、产品类型等方面存在差异,会计核算的管理体制也有所不同,因此,质量成本项目的设置也会有所不同。

三、质量成本管理的主要内容

现代质量成本管理的主要内容包括以下几个方面。

(一)质量成本的预测和决策分析

通过分析企业生产经营过程,找出影响产品符合性质量水平的因素与环节,对生产经营过程与符合性质量水平的相互依存关系进行理论分析,把握二者之间的规律。初步建立起产品的质量成本结构,分析出理论上产品质量成本与符合性质量水平的配比关系,尝试找出质量成本与符合性质量水平的最优组合,并据此制定适合本企业的质量管理方案。

(二)质量成本计划的制订

质量成本管理贯穿企业生产的全过程,需要各部门的参与,为了保证质量成本管理工作有效且稳定地进行,企业内部各生产经营单位和职能部门应参考企业的质量管理方案和质量成本项目,以过往的成本数据为基础,结合部门具体情况,编制本部门的质量成本计划,作为日后控制与考核质量成本的依据。

(三)质量成本的核算

采用财务会计核算体系反映企业质量成本。根据企业生产经营的特点,在质量管理方案的指导下,建立质量成本核算制度和质量成本账户体系,采用一定的方法归集处理质量成本信息,对照事前制定的质量成本计划,检查企业质量成本管理的执行效果。

(四)质量成本的日常监督与控制

企业各生产经营单位和职能部门在日常生产经营过程中应当根据事前制定的质量管理方案和质量成本计划来组织生产和经营活动,对各项质量管理费用和因质量问题而产生的损失实行严格监督与控制,力求在较低的质量成本下达到较高的质量水平。同时,对于超出质量成本标准的差异要进行分析,找出造成差异的原因,必要时还要追究个人或单位的责任。如果差异是由于质量成本标准设置不当造成的,还要据此对质量成本标准进行修改。[①]

(五)质量成本计划执行情况的考核与评价

企业要定期对各生产经营单位和职能部门的质量成本计划的执行情况进行考核,分析各部门的执行效果,明确责任,并予以相应的奖惩。

不同企业在具体实施质量成本管理的过程中没有统一的标准,但主要内容可以概括为以下几个部分。

(1)建立质量成本管理组织体系。

(2)制定质量成本责任制度。

(3)设置质量成本二级、三级明细科目,构建质量成本科目体系。

(4)预测质量成本,制订质量成本计划。

(5)组织质量成本核算。

(6)对质量成本加以控制。

(7)考核分析质量成本,撰写质量成本分析报告。

(8)定期总结与评价质量成本管理工作。

---

① 梁国明.企业质量成本管理方法[M].北京:中国质检出版社,2015.

(9)改进完善质量成本管理体系。

第二节 全面质量管理

一、质量管理的发展历程

传统的质量管理往往只重视生产过程中的产品质量,将质量管理的范围局限在产品的生产制造过程,而没有考虑到销售后的服务质量。随着质量管理实践的不断发展,传统的质量管理对产品设计缺陷以及产品售后服务质量的忽视带来的负面影响逐渐暴露出来。将质量检验当作保证质量的唯一途径难以从根本上解决产品质量问题,管理者不得不对传统的质量管理工作加以改进,于是,一种全员、全过程、全方位的现代质量管理方法逐渐形成,这种方法就是全面质量管理。

现代质量管理的发展历程大体经历了质量检验阶段、统计质量管理阶段以及全面质量管理阶段。

(一)质量检验阶段

20世纪初,"科学管理之父"泰勒提出,在生产过程中应该将计划和执行、生产和检验分开,目的是防止不同生产者个体间的产品质量标准差异导致整批产品质量水平参差不齐。之后,生产企业开始设立专门的质量检验部门,其主要职能是对产品进行统一的质量检验。质量检验部门采用一定的方法,依据一致的标准来鉴别合格品和残次品,从而使出厂产品的质量水平维持在一定的平稳状态。采取专人专职对产品进行质量检验工作,使得质量管理从一般性的、分散的、随意性较强的质量检查中独立出来,成为企业管理过程中的重要一环,这种做法是质量检验阶段的开始。

(二)统计质量管理阶段

在质量检验的过程中,往往是针对产成品进行质量鉴定,这种事后检验的方法虽然能够辨别出质量较差的产品,但是并不能预防不合格产品的出现,而不合格产品所造成的损失仍然提高了质量成本。另外,对于大批量生产的产品采取逐一检验的方式并不可取,某些产品的检验具有破坏性,不能每个产品都进行检验。管理者对于质量检验的可靠性和经济性的追求催生了新的质量管理思路。

20世纪20年代,概率论和数理统计逐渐应用到质量管理领域。美国贝尔电话研究室工程师休哈特发明了质量控制图。他采取"事先控制,预防废品"的思路,结合概率论和数理统计的方法,弥补了事后把关的不足,将质量管理推向事先控制、预防为主、防检结合的新方向。随后,道奇和罗米格又提出了抽样检验的方法,他们设计的抽样检验表有效地解决了全数检验以及破坏性检验在实际操作中的困难。

第二次世界大战期间是统计质量管理阶段发展和成熟的黄金时期。美国为了提高军需品的质量和可靠性,先后制定了三个战时质量控制标准,在质量控制过程中大量运用了数理方法。军工产品的制造商被普遍要求实行这些统计质量控制方法,这一期间产生的理论方法以及大量的实践有力地推动了质量管理的发展。之后,随着理论研究的进一步深入,统计质量管理得到了进一步发展,数理统计方法更是广泛地应用到质量管理以外的其他管理领域。

(三)全面质量管理阶段

20世纪下半叶,科学技术的快速发展大幅提升了产品的技术含量和复杂程度;世界各国的战略重心纷纷转移到经济建设上,经济水平不断提升,生活水平明显改善,人们对产品的可靠性提出了更高的要求;服务业的迅猛发展带来了服务质量管理的新问题,以往只针对产品的质量管理方法已经满足不了现实的需求,管理者迫切需要一种能够涵盖所有影响产品质量因素的质量管理体系,以确保产品和服务的质量。全面质量管理理论在这样的背景下应运而生。20世纪60年代初,菲根堡姆和朱兰提出了全面质量管理的科学概念和理论,这一理论迅速在世界范围内得到接纳和采用。从此,质量管理进入了全面质量管理的崭新阶段。

质量管理与全面质量管理的比较如表4-1所示。

表 4-1　质量管理与全面质量管理比较

项目	质量管理	全面质量管理
对象	产品或服务	所有与产品和服务有关的事物
相关者	外部顾客	外部顾客和内部顾客
过程	与产品和服务提供直接相关的过程	所有过程
人员	组织内部分人员	组织内所有人员
部门	组织内部分职能部门	组织内所有职能部门

二、全面质量管理的含义与特点

(一)全面质量管理的含义

全面质量管理思想自诞生之日起便得到了广泛的肯定和传播,其理论研究价值以及对实践的指导意义都得到了充分证实,是当今世界质量管理领域最经典的理论之一。1961年,美国通用电气公司总裁菲根堡姆在《全面质量管理》一书中提出了"全面质量管理"的概念:"全面质量管理是为了能够在最经济的水平上,并考虑到充分满足客户要求的条件下进行生产和提供服务,把企业各部门在研制质量、维持质量和提高质量方面的活动构成一体的一种有效体系。"

在ISO8042:1994《质量管理和质量保证的术语》中,全面质量管理的定义是:"一个组织以质量为中心,以全员参与为基础,目的在于通过让顾客满意和本组织所有成员及社会受益而达到长期成功的管理途径。"从这个定义可知,全面质量管理有别于质量管理,是组织中多种管理职能的一种,跟其他管理职能(如生产管理、财务管理、人力资源管理等)是平行的关系。全面质量管理对质量管理提出了更高的要求,需要从更多的维度和更深的层次来统筹整个组织的质量管理工作,它的管理范畴涵盖了其他的管理职能,是一种系统性的质量管理思想。

全面质量管理尤其强调一个组织必须以质量为中心,管理工作应该围绕保证产品或服务的质量展开,全体人员都应参与其中,以此为组织带来持续的经济和社会效益。全面质量管理的对象从传统的"管结果"转移到了"管因素",即不再只着眼于最终的产出,而是先研究出整个企业的运作过程中会对最终的产品或服务造成影响的因素,然后对这些因素实施系统性的管理。此外,过去的质量管理强调的是职能分工,将质量管理工作作为企业管理中的一个相对独立的职能,以便管理人员对产品或服务实行统一的质量控制标准。现在,全面质量管理强调各部门协调运作,各职能部门共同围绕保证和提高产品或服务质量的目标来开展本部门的工作,使得企业成为一个各部门紧密联系的有机整体。

(二)全面质量管理的特点

理解全面质量管理时,需要注意它的三个特点,即全面的质量管理、全过程的质量管理、全员参与的质量管理。

1. 全面的质量管理

全面的质量管理是一种相对广义的质量管理概念,不仅包含了传统狭义质量管理中对产品性能、寿命、可靠性和安全性等具体方面的要求,还对工作质量、服务质量提出了要求,将产品适用性、交货期限、服务水平等一系列事项都纳入了质量管理的范围。同时,不仅对事物进行管理,还对企业员工进行管理。员工作为企业中最活跃的要素,其行为无时无刻不影响着企业的正常运作,对最终产品质量的好坏起着至关重要的作用,因此,企业需要将员工作为质量管理的一个重点。简而言之,全面质量管理是从全方位对质量进行管理,从多个角度来保证产品或服务的质量。

2. 全过程的质量管理

全面质量管理需要对产品质量形成的全过程进行管理。传统的质量管理往往只着眼于产品的生产制造环节,而对于大多数企业来说,生产制造仅仅是企业向消费者提供产品的诸多环节中的一个。企业向市场推出产品的背后实际上涵盖了一系列的活动,是一个包括市场调查、研究分析、设计、试制、工艺设计、原料供应、生产制造、检验、包装、售后服务的完整过程,任何一个环节存在缺陷,都会对其他环节造成影响,并最终反映在产品质量上。为了向消费者提供一款让其满意的产品,并使产品能够充分发挥其价值,企业不仅要对产品的形成过程进行质量管理,还需要对产品形成以后乃至产品的使用过程进行质量管理。

3.全员参与的质量管理

由于全面质量管理是全方位、全过程的,涉及企业方方面面的活动,因此,质量管理工作所涉及的职能部门必定不仅仅是生产车间。事实上,企业内每位员工的工作都与产品质量有联系。产品的设计、生产、销售、使用,每个环节都会影响质量。企业各部门都应当参与到质量管理活动当中,不同部门的员工都应当从自己的工作岗位出发,对照产品质量管理方案,重新思考自身工作与最终产品质量之间的关系,确定会对产品质量造成影响的具体工作事项,对工作质量严格把关,以此来保证企业所提供的产品或服务的质量。由此可见,全面质量管理是一个需要企业全员参与的质量管理活动。

三、全面质量管理的基本理论观点

全面质量管理理论经过多年的发展,从企业的具体实践中不断汲取宝贵的经验,理论体系日渐完善,并形成了独特的理论观点。

(一)系统性的观点

系统是由具有共同目标和一定层次的多个部分组成的整体,而且不同部分之间存在相互沟通与联系。系统作为一个整体而存在,不同的部分都是组成系统的必不可少的元素,各部分不能独立于系统而存在,系统则要对各个部分进行有效的整合与协调。全面质量管理则是这样一个系统,其目标是保证产品或服务的质量,其具体的管理活动涉及不同层次、不同类型的部门,不是单一的针对某些产品质量指标的管理活动。因此,在推行全面质量管理的企业中,每位员工(尤其是管理者)都需要具备系统性的管理思想。

系统性的管理思想是一种由点及面的管理思想,其内容是对一切与产品质量有关的事项进行分析研究。它要求管理者在遇到与质量有关的管理问题时,所思考和研究的范围不是局限于问题的本身,而是顾及与问题有关的其他方面;在寻找解决问题的方法时可以从宏观着手,结合多个层次和维度来共同解决问题,注重整体效应。全面质量管理所追求的是全局的、整体的、长远的利益，管理者唯有具备系统性的管理思想，才能统筹不同部门，协调各方利害关系，最终达到保证产品和服务质量的目标。

(二)为顾客着想的观点

作为产品或服务质量的最终评判者，顾客的满意应该是全面质量管理工作的出发点和落脚点。企业应当从顾客的需要出发来设计产品，生产能够满足顾客需求的产品；要将顾客作为自身服务的对象，在努力争取顾客满意的同时，尊重顾客、方便顾客。

在这里，"顾客"的含义比较广泛，不仅指产品购买者或使用者，还可能指企业内部生产过程中的每一个部门和岗位。在企业内部的生产流程中，产品的质量要经过多个环节才能形成，往往存在相互衔接而又相对独立的工序。全面质量管理的指导思想认为，应当将下一道工序视为上道工序的顾客；上道工序应该为下道工序提供符合标准、质量过硬的半成品，为下道工序提供服务，及时接收下道工序的反馈信息并做出整改，以便提高下一道工序的生产效率。

此外，为顾客着想能够使得顾客、企业以及社会三者的效用最大化。企业如果能够真正做到为顾客着想，提供质量过硬、设计优秀且价格合理的产品，就能打开销路，扩大市场份额，取得竞争优势。同时，优秀的产品能有效地满足顾客需求，顾客从企业提供的服务中，能够充分了解产品的性能，掌握使用方法，使得产品价值能够充分得到体现。从整个社会的宏观层面来看，企业提高对顾客的服务水平，还能够避免资源浪费，提高社会整体的福利水平。

(三)预防为主的观点

以往的质量管理活动大多通过不同的方法来找出存在问题的产品，强调的是通过质量检验来保证输送到市场的产品的质量，是一种事后把关的管理思想。但真正影响产品质量好坏的并不在于检查本身，而是产品质量形成的过程，因此，企业若想有效提高产品的质量，应该从形成产品质量的各个环节入手。例如，产品往往在设计的时候就已经决定了其质量所能达到的最高水平，而制作仅仅是实现质量。如果产品在设计时便存在这样或那样的不足，那么无论生产过程多么严格，其产品的先天缺陷都是无法弥补的。

全面质量管理是一个具有前瞻性的管理体系,需要的是防患于未然的管理思想,即事前分析各种影响产品质量的因素,找出主要的因素并加以控制,最大限度地防止质量问题的发生。产品的质量是各道工序、各个环节质量的积累,生产过程中每道工序的质量都是人、设备、材料以及周围环境因素相互作用的结果。只有对每道工序中可能影响其产出质量的因素加以控制,才能有效地保证该道工序的质量。

(四)用事实和数据说话的观点

"用事实和数据说话"强调的是在质量管理过程中注重客观事实,做到实事求是,以客观的事实、数据、资料作为反映、分析、解决质量管理问题的基础。企业在质量管理过程中要尊重客观事实,尽量避免主观随意性,要运用科学的方法来发现问题、研究问题、解决问题;对于那些不能用数据来说明的问题,要以事实呈现。不过,无论是事实还是数据,其原则都是一切从实际出发,力求用最准确的方式来反映现实情况。只有用事实和数据说话,才能使得信息在组织内流动时减少失真,提高信息的可靠性,也只有这样,质量问题才能准确反映,管理者才能采取有针对性的解决办法。

(五)质量与经济性相统一的观点

在正常的经营环境下,企业应当以尽可能少的投入生产出质量尽可能高的产品,满足顾客的需求,使顾客满意,以获得尽可能大的经济效益和社会效益。这实际上是一种最优决策的管理思想。企业应认真分析各项投入与最终产出的质量的关系,找出质量与消耗、技术、收益之间的关系,谋求投入数量与产出质量的最优组合,优化质量管理。

质量成本管理,实际上就是对产品的制造过程与使用过程进行经济分析,从经济的角度来衡量质量管理的有效性,并指出质量管理工作的改进方向。产品质量和成本经济性不总是对立矛盾的,还可能是一致的。有时产品或服务质量的提升需要企业投入更多的成本,而有时如果企业能对其内部每道工序的质量加以有效控制,就能在维持一定产品或服务质量水平的情况下实现成本的下降,使得企业的生产经营更具经济性。

采纳质量与经济性相统一的思想,有利于提高企业的管理水平和经济效益,合理利用资源,使企业在取得经济效益的同时也带来社会效益。

(六)突出人的作用的观点

人是企业管理过程中最活跃且最具能动性的要素,管理者在企业管理过程中需要重视对人力资源的开发和利用。全面质量管理充分重视人在质量管理过程中的积极作用,将发动全员参与、调动人的主观能动性与创造性作为其核心管理思想之一。

企业需要通过多种方法不断提高员工的素质,并要求员工掌握企业的质量目标并贯彻企业的质量方针。只有每一位员工都明确企业的质量方针并熟悉自己的工作职责,才能够使得每一个岗位上的员工发挥自身的能力,主动积极地投入工作当中,从而使得整个全面质量管理体系平稳有序地运行。企业应采取各种形式发动员工参与到企业的质量管理活动当中,同时要鼓励、保护员工在工作过程中表现出来的首创精神,注重挖掘员工的潜力,使其主人翁精神得以发挥。企业的管理制度应该既严格又灵活,以便在保障管理工作有序进行的同时避免使企业陷入过于呆板的制度氛围,做到奖罚分明,增强员工主动学习、主动参与的意愿,提高全体员工的生产效率。

(七)重视质量的观点

重视质量的观点强调企业在生产经营的过程中要以质量为纲,重视质量,将质量作为串联企业各项管理活动的主线。企业的供、产、销等活动需要以科学的质量管理原理为指导,协调好质量与品种、效益、消耗等方面的矛盾。企业要树立以质取胜的经营目标,围绕质量目标开展有效的计划、组织、领导、控制等活动。生产活动固然是质量管理活动的重心,但产品设计、销售、服务等其他环节同样要做到以质取胜,让质量目标把各单位、各部门连成一个有机整体。随着市场经济的发展,产品同质化的问题日趋严重,质量越来越成为企业能否立足市场的评判标准,激烈的市场竞争能够有效地淘汰产品或服务质量较差的企业。企业不仅需要重视自身所提供的产品或服务的质量,还要重视内部工作的质量,要将质量作为衡量自身产出水平的一个标准,不断提高投入产出比,增强竞争优势。

质量制胜这个命题已在市场中多次得到验证,全面质量管理应当成为带动企业各项管理工作的中心环节,以保证企业沿着不断提高质量效益的路径发展。

四、全面质量管理的工作程序

(一)PDCA 循环的内容

全面质量管理是一整套为保证和提高产品或服务质量而设立的科学管理体系,在具体的管理实践中,它遵循 PDCA 的管理程序。PDCA 最初是由"统计质量控制之父"休哈特提出的,他认为管理活动应该遵循"计划(plan)—执行(do)—检查(check)—行动(action)"这样一套科学的通用管理流程(即 PDCA 循环)。而后,美国质量管理专家戴明对 PDCA 循环做了进一步的研究,使其发展为一套持续改进、不断学习的循环管理步骤,并在质量管理领域大力推广。因此,PDCA 循环又被称为质量环或戴明环。

PDCA 循环分成四个阶段、八个步骤,如图 4-1。

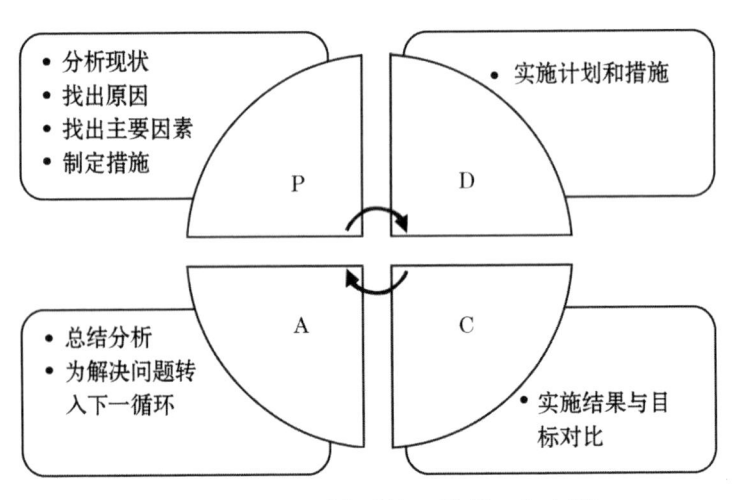

图 4-1 PDCA 循环的四阶段、八步骤

第一阶段——P 阶段(计划阶段)。在这个阶段,企业需要明确其质量目标。企业需要通过市场调研来发现顾客的需求,随后评估市场机会,对照自身的能力与资源来决定是否进入该领域。具体来说,企业通过市

场调查、用户访问、国家计划指示等,明确用户对产品质量的要求,初步确定产品类型;然后通过设计、试制、检查来进一步确定技术经济指标,以及达到这些指标所要采取的措施方法,形成一定的计划方案。

P阶段包含以下四个步骤,这四个步骤实际上也是P阶段的具体化。

步骤一:分析现状。对外部环境及企业内部资源、能力进行研究,发现可能对质量造成影响的问题。

步骤二:找出原因。质量管理过程中出现的问题往往不是由单一的因素造成的,管理人员在发现问题以后,要从宏观层面来看待问题,发现造成问题的各种因素,并对各种因素加以分析。

步骤三:找出主要因素。造成质量问题的诸多因素对问题的影响程度有大有小,解决质量问题需要从主要的影响因素着手。管理者要善于抓住重点,排除干扰,从多个影响因素中找出关键影响因素。

步骤四:制定措施。针对影响质量的主要因素,要有针对性地制定一些纠正措施或防范性措施,措施要明确具体,并且要注重其可行性。

第二阶段——D阶段(执行阶段)。这个阶段实际上是对之前所形成的计划与方案的实施,根据计划上的安排执行各项工作,包括人员的培训、原材料的采购、产品的生产、产品的检验等。

D阶段即步骤五:实施计划和措施。具体表现为按照计划方案执行相应的任务。

第三阶段——C阶段(检查阶段)。企业在具体工作推进期间需要不断地对进度进行测量,并对照原计划检查完成情况,以保证实际情况与计划相符。

C阶段即步骤六:将实施结果与目标对比。对照原计划的各项技术经济指标,检查实际执行的结果,评定总体完成情况。

第四阶段——A阶段(行动阶段)。根据第三阶段的检查,对出现的情况进行反思,总结经验,吸取教训,以提高日后的执行效率。

A阶段由步骤七、步骤八构成。

步骤七:对检查的结果进行总结。归纳成功的经验和失败的教训,对原计划的标准进行完善,对在质量管理过程中表现较好的单位和个人进行奖励,对出现失误的单位和个人追究责任,必要时予以相应的惩罚。

步骤八:对本次循环当中尚未解决的问题进行检查梳理,并将其转到下一个循环当中去。

(二)PDCA 循环的特点

1.大环套小环

PDCA 最初作为一种通用的管理方法,其实施范围并不局限于整个宏观的质量管理项目,而是应该涵盖每个职能部门、每个车间乃至每位员工。每个职能部门应当根据企业的总体目标来制定自己的次一级目标,并采用 PDCA 循环来指导本部门的工作。这样,在整个企业大的 PDCA 循环当中又嵌有更小的 PDCA 循环,再次一级的单位再实施更小的 PDCA 循环,直到个体员工按 PDCA 循环开展工作(见图 4-2)。较大一级的 PDCA 循环是制定较小一级 PDCA 循环的依据和基础,较小一级 PDCA 循环的贯彻落实又反过来成为较大一级 PDCA 循环有效运转的保障。如此大环套小环,小环推动大环,形成相互促进的关系,企业各部门能够有机地结合成一个整体,各项目标得到分解落实,使管理活动更科学、更具效率。①

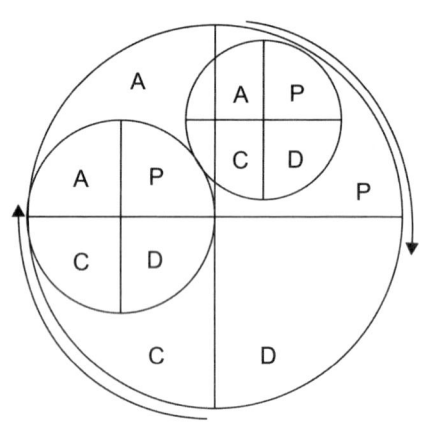

图 4-2 PDCA 循环开展工作

2.不断前进提高

PDCA 的四个阶段不断滚动循环,每完成一次循环,都会有一些问题得到解决,形成新的经验的积累,同时也会出现新的目标和内容,整个企

---

① 连海燕.浅议基于 PDCA 循环的企业财务管理模式[J].商场现代化,2022(3):163-165.

业得到发展,质量水平也得到提高。每个员工、每个部门乃至整个企业,每完成一次 PDCA 循环就上升一个台阶,总体的发展轨迹可以概括为阶梯式上升,循环式前进(见图 4-3),即问题不断得到解决,并利用新的信息开展新的循环的过程。

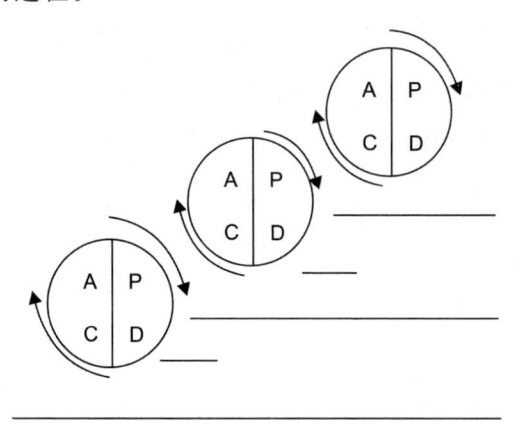

图 4-3 PDCA 循环总体的发展轨迹

3. 重视 A 环节

在整个 PDCA 循环当中,推动循环的关键在于 A 阶段,即行动阶段。企业在这个阶段需要对任务的执行情况进行回顾总结,对于成功的经验需要肯定和进一步提炼升华,对于过失需要探究其原因,找出关键点。企业只有不断地反思总结,不断地提高完善,才能使 PDCA 循环向更高的层次推进。如果没有 A 阶段,成功的经验得不到总结,错误的教训也得不到吸取,那么在以后的循环当中,面对相同的情况,以往的成功可能并未使问题变得简单,曾经出现的错误则可能再次出现。因此,要充分重视 PDCA 循环中 A 环节的作用,从而使得 PDCA 循环能够不断朝着更高的层次推进。

五、全面质量管理下的质量成本管理

在全面质量管理的视角下,企业的质量管理活动更应做到防患于未然,缩减失败成本,在确保质量的前提下尽可能减少成本支出。

作业管理将作业分为增值作业与非增值作业。一般来说,内外部失败成本及与其相联系的作业都属于非增值成本或作业,应该尽可能消除;预防成本及与其相联系的作业属于增值成本或作业,必要的预防成本、鉴定成本等项目费用的支出,在一定程度上能够减少内外部失败成本,对确保产品和服务质量、维护品牌声誉等都有积极意义,应该提高其效率;至于鉴定成本及与其相联系的作业,很大一部分是预防成本及与其相联系的作业所必需的,应该将其视为增值成本或作业。

在全面质量管理体系下,管理会计需要适当转变观念,使质量成本的管理符合全面质量管理指导思想的要求。

(1)利用技术手段,提高财务信息的传输效率。过去以周或月为单位提供财务信息的做法已经不能适应全面质量管理对管理信息的及时性要求,信息的滞后可能会使问题不能及时得到反馈,很容易错过最佳的处理时间。应用现代技术手段,提高信息传输频率,可以让管理者及时了解企业管理信息的动态。

(2)管理会计所收集和处理的信息不能仅局限于财务信息,还应该包括非财务信息。质量管理过程中的问题有的能通过财务信息反映出来,但是相当一部分问题是无法通过财务信息呈现的,管理者应运用多种方法收集不同方面的信息来了解企业的质量成本状况,以便较为全面地掌握企业的质量管理状况。

(3)全面质量管理需要对企业全过程、全方位的活动进行管理,因此管理者在质量成本管理活动中需要的信息更为详细且复杂,仅靠会计部门难以完成全部的信息收集工作。广大员工在参与企业管理的过程中也可以成为信息收集的节点,然后将信息经过一定的程序和方式汇总到会计部门或质量检测部门。这不仅便于迅速地收集大量质量成本信息,建立起部门间相互协作、相互监督的关系,而且体现了全面质量管理中全员参与的特点。

第三节　ISO9000 与六西格玛

一、国际标准化组织

国际标准化组织(International Organization for Standardization, ISO)成立于 1947 年,是由 100 多个国家的国家标准化团体组成的国际标准化组织。ISO 与国际电工委员会(International Electrotechnical Commission,IEC)紧密配合,制定全球一致的国际标准。ISO 的主要工作是制定与出版国际标准。ISO 标准的范围涉及除电工与电子工程以外的所有领域;电工与电子工程标准由国际电工委员会负责制定、修订;信息技术标准化工作由 ISO 和 IEC 共同负责。ISO 的宗旨是:在全球范围内促进标准化工作的开展,以利于国际商品的交流和互助,并扩大各国在知识、科学、技术和经济领域的合作。全体成员大会是 ISO 的最高权力机构,每年召开一次会议。全体成员大会休会期间的日常工作由 ISO 中央秘书处主持。中国国家标准化管理委员会(由国家市场监督管理总局管理)于 1978 年加入 ISO。

二、质量管理和质量保证技术委员会

ISO 按专业性质设立技术委员会负责起草各种标准,各技术委员会根据工作需要设若干分技术委员会和工作组。ISO 于 1971 年成立认证委员会负责质量认证制度的实施,1985 年更名为合格评定委员会。1979 年 9 月在 ISO 理事会全体会议上通过决议,决定在原 ISO/CERTICO 第二工作组"质量保证"的基础上,单独成立质量保证技术委员会(TC176),专门研究质量保证领域内的标准化问题,并负责制定质量体系的国际标准,TC176 制定的所有国际标准称为 ISO9000 族标准。

三、ISO9000 族标准

(一)ISO9000 族标准产生的背景

1. 质量成为企业获得竞争优势的关键

随着科学技术的进步,越来越多的新产品进入市场,产品的更新换代越来越频繁,消费者仅凭自己的知识和经验难以对如此众多的商品进行有效的质量判断。消费者倾向选择在以往的消费体验中认为质量优秀的产品,而对于质量印象较差的产品一般不会进行二次购买。于是,质量保证能力成为企业取得顾客信任、扩大市场份额的重要前提,提供的产品或服务的质量成为企业在激烈的市场竞争中制胜的关键。如何有效保证并提高产品或服务的质量,已成为管理者关注的焦点。

2. 消费者权益日益受到重视,质量保证是大势所趋

产品质量缺陷让消费者损失的可能不仅仅是金钱,某些产品的质量缺陷还可能对消费者的人身安全造成重大威胁,如食品、药品、建材等。虽然消费者往往是质量事故中的受害者,但单靠自身的力量,他们很难与企业抗衡。现实迫切需要一种机制来维护消费者的权益,并追究生产者和销售者的责任,以便维持市场秩序。自 20 世纪 60 年代起,许多国家相继成立了维护消费者权益的团体组织,来保障消费者的人身、财产安全。消费者权益日益受到政府部门的重视,相关的产品质量法律法规以及消费者权益保护法纷纷出台,明确规定生产者、销售者必须承担因产品质量缺陷而造成消费者损失所应承担的法律责任。生产者逐渐承受不了产品事故所带来的经济损失和法律责任,消费者也倾向购买质量有保证的产品,质量保证机制在市场中的地位越来越重要。

3. 国际贸易需要统一的质量标准

在经济全球化的浪潮下,企业为扩大市场以及寻求更廉价的劳动力与生产资料,早已从世界性的视角来布局生产和搭建销售网络,国际贸易日益频繁。在国际贸易中,质量管理和评价的标准不一致会给贸易双方都带来损失,因此迫切需要一种世界性的质量管理和保证标准让贸易双

方取得共识,从而使国际贸易能够更顺利地进行。

(二)ISO9000与全面质量管理

1.二者共同为世界质量管理提供科学依据

全面质量管理理论提出后,相继被各发达国家乃至发展中国家重视和运用。多年来,全面质量管理无论在理论上还是实践上,都得到了很大的发展。全球市场竞争的日趋激烈和世界经济的发展,进一步推动了全面质量管理理论的发展。当前,全面质量管理已经成为现代企业以质量为核心的经营途径,是通过达到顾客持续满意而有效提高企业竞争力和获得更大利益的经营管理体系。

从20世纪70年代末开始,一些发达国家相继发布了各自的质量体系标准。为了促进国际贸易,打破技术壁垒,国际标准化组织于1987年正式发布了ISO9000系列质量管理和质量认证国际标准。全面质量管理理论和ISO9000系列标准的诞生为各国企业的质量管理提供了科学依据,是世界质量管理发展的里程碑。

2.二者的关系

ISO9000系列标准与全面质量管理都是指导企业科学有效地进行质量管理的途径,但二者所针对的企业管理问题的角度略有区别。ISO9000旨在为企业建立一种科学的质量管理体系的基础;全面质量管理则旨在运用科学的方法,保证和提高企业产品或服务的质量,进而使企业的管理水平有所提高。

ISO9000系列标准着眼于为企业建立质量管理体系提供具体指导和为实行对外质量保证做出明确规定,建立并实施质量管理体系则是企业实行全面质量管理的基础和核心工作。根据ISO9000系列标准建立的质量管理体系是企业质量管理的重要基础,也是衡量企业质量管理的标准。而全面质量管理除了ISO9000系列标准所包含的内容之外,还具有更丰富的内涵,几乎涵盖了企业所有的经营活动,尤其是包含了指导企业取得长期成功的经营管理战略。时至今日,随着科学技术和社会经济的发展,全面质量管理的理论和实践还在继续发展。

3.全面质量管理是世界前沿的质量管理体系

ISO9000系列标准在诸多方面反映了全面质量管理的思想。但ISO9000作为国际标准,是一个经过多国协调的产物,而各国的质量管理环境千差万别,这就注定了该标准是基于质量管理的基础水平制定的,加上标准修订的时限性,它不可能与全面质量管理的发展始终保持同步。而全面质量管理能达到和保持世界级质量水平的要求,其中各个国家和区域性质量奖可视为当今世界全面质量管理最高水平的代表。推行和深化全面质量管理是提高组织管理水平的全过程活动,通过持续改进,达到组织的顾客和各个相关方的持续满意,使组织获得长期的成功,是一个长期且无止境的过程。

四、六西格玛

(一)六西格玛的基本概念

六西格玛(Six Sigma)也称为 6σ,是一种被广泛应用的商业管理策略和质量管理体系。σ是一个希腊字母,在数理统计中表示标准差。标准差是反映一组数据的离散程度时最常用的一种量化形式,是一种评估产品和生产过程特性波动大小的统计量。σ的大小可以用来反映质量水平的高低,σ质量水平将过程输出的平均值、标准差与顾客要求的目标值联系起来进行比较,是对满足顾客要求能力的一种度量。σ水平越高,过程满足顾客要求的能力越强;σ水平越低,过程满足顾客要求的能力就越弱。六西格玛代表的就是一种质量水平,它意味着平均每100万次试验中只允许有3.4个缺陷。

简单来看,6σ质量水平似乎对质量要求过高,企业是否有必要追求如此苛刻的质量标准呢?实际上,当一个生产流程涉及100个环节时,即便每个环节的合格率达到99.9%,整个流程的合格率可能仅为90.48%(99.9%的100次幂);如果涉及300个环节,那么整体的合格率可能仅为74.07%。今天,产品(尤其是电子产品)的生产流程日益复杂,制造环节众多,只有每个环节都保持极高的质量标准,才能保证整个流程最终拥有较高的产品合格率。

(二)六西格玛的管理特点

1. 以顾客为关注中心

在六西格玛中,以顾客为中心是最优先的事情,其目标是获得较高的顾客满意度。只有顾客的需要得到充分理解和满足,才可能出现满意和忠诚。六西格玛强调的是企业需要持续地使顾客满意,注重顾客需求的动态变化,将顾客满意度作为绩效评价的重要标准。

2. 基于数据和事实的管理方法

六西格玛管理在一开始就澄清了什么是衡量企业业绩的尺度,然后通过对数据进行统计分析来获得对关键变量的更深理解,最后通过数理的方法进行最优决策。

3. 聚焦于流程改进

流程是六西格玛采取改进行动的主要对象,产品服务的设计、绩效的改良、效率的提高,都是以流程的方式进行的。对流程的优化和控制是成功运用六西格玛管理的关键。

4. 有预见地积极管理

六西格玛需要管理者积极主动地在问题发生前进行管理,有前瞻性地对企业将会发生的事情进行预测,然后预先采取相应的措施,而不是等到问题发生了才进行弥补,注重预防问题,而不是疲于处理已发生的危机。

5. 无边界合作

无边界合作实际上是指努力消除部门及上下级间的障碍,促进组织内部横向和纵向的合作,减少企业内部竞争带来的损失。当企业员工目标一致,并意识到流程中各环节相互依赖时,就能相互合作,改善效率较低的环节,从而提高整个流程的效率。

6. 追求完美,包容失误

追求完美、追求卓越为六西格玛管理提供了一个良好的努力方向。对于失误和挫折,六西格玛管理强调以积极的方式来应对,包容失误,从失误中反思,从失误中学习,吸取教训,修正方法,完善流程。

(三)六西格玛的组织架构

企业实施六西格玛管理需要打造一个致力于流程改造的跨部门专家团队,并确定团队里的各种角色及其责任,构建六西格玛的组织体系(见图4-4)。这也是实施六西格玛管理的基本条件。

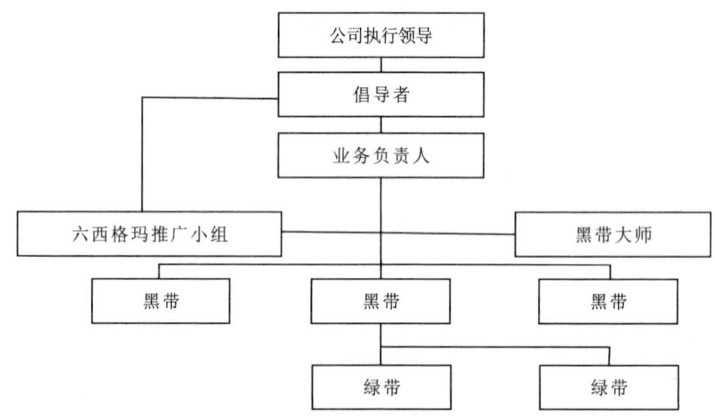

图4-4 六西格玛组织结构示意图

组织架构中各职能角色的职责权限如下所述。

1. 公司执行领导

推行六西格玛变革的高层执行领导是整个变革取得成功的关键因素。高层领导需要具备卓越的领导能力,认同并支持六西格玛管理工作。

2. 倡导者

倡导者的主要职责为发起和倡导黑带项目,其是六西格玛管理中的关键角色。倡导者同时也是企业推行六西格玛管理方法领导小组的一员,通常是中层以上的管理人员,其工作较为宏观,需要具备战略眼光。

3. 黑带大师

黑带大师往往是企业变革的推动者,其工作更加具有管理性质。他们通常在特定的部门开展六西格玛工作,拥有较为扎实的理工科知识,是运用六西格玛管理工具的专家。

4. 黑带

黑带是六西格玛管理中最为重要的一个角色。他们致力于六西格玛改进项目,是成功完成六西格玛项目的技术骨干,是六西格玛管理的核心力量。

5. 绿带

绿带是非全职参与六西格玛管理的基层管理者或员工。他们接受的六西格玛技术培训项目与黑带的类似,但层次略低,其职责是将六西格玛的理念和工具带到企业日常活动中去。

6. 业务负责人

业务负责人不需要独立完成项目,他们的职责是支持和配合,为组织选择合适的黑带和绿带员工,并为黑带和绿带员工提供相关的资源,确保变革的过程能够得到有效落实。

(四)六西格玛的改进模式

六西格玛自 20 世纪 80 年代诞生起,经过几十年的发展,已经演变成一套行之有效的解决问题和提高企业绩效的系统方法,其实施模式包括了六西格玛改进活动的五个阶段,即定义—测量—分析—改进—控制(Define—Measure—Analysis—Improve—Control,DMAIC)。在项目确定以后,团队成员一起合作,按照这五个步骤,能够有效地实现质量管理的突破性改进。

1. 定义阶段

确认顾客的关键需求并识别需要改进的产品或流程,决定要进行测量、分析、改进和控制的关键质量特性,将改进项目界定在合理的范围内。

2. 测量阶段

通过对现有过程的测量和评估,制定期望达到的目标及绩效衡量标准,并验证测量系统的有效性。

3. 分析阶段

确定过程的关键影响因素。

4. 改进阶段

寻找最优改进方案,使过程的缺陷或变异降至最低。

5.控制阶段

将改进成果进行固化,通过修订文件等方法使成功经验制度化,通过有效的监测方法维持过程改进的成果,并寻求能够进一步提高效果的持续改进方法。

(五)六西格玛设计的模式

六西格玛 DMAIC 流程所能取得的改进效果十分有限,仅靠六西格玛 DMAIC 改进流程本身的力量通常无法达到 6σ 水平的改进目标。如果一个企业希望实现更高的绩效,应该考虑放弃原来的流程,对流程进行重新设计,这种重新设计过程的方法就是六西格玛设计。六西格玛的设计也有其相应的流程,主要包括以下几种模式。

(1) DMADV 模式,即定义—测量—分析—设计—验证(Define—Measure—Analysis—Design—Verify)。

(2) IDDOV 模式,即识别—定义—设计—优化—验证(Identify—Define—Design—Optimize—Verify)。

(3) DMEDI 模式,即定义—测量—开发—设计—实现(Define—Measure—Explore—Design—Implement)。

(4) DMADOV 模式,即定义—测量—分析—设计—优化—验证(Define—Measure—Analysis—Design—Optimize—Verify)。

每个企业应该根据自身的状况以及管理者的能力选择合适的流程。

第五章　基于战略的风险管理

第一节　战略与风险管理

企业的风险管理无疑应为其战略管理服务，将战略与绩效的观念与逻辑整合在风险管理之中，帮助企业实现价值最大化。

一、战略与战略管理

战略就是企业从全局考虑做出的长远谋划。企业是一个层级机构。与此相对应，企业的战略通常分为整体战略（选择可竞争的经营领域的总体战略）、经营单位战略（某个经营领域具体竞争策略的业务单位战略，也称为竞争战略）和职能战略（涉及各职能部门的职能战略）。当然，经营单位战略、职能战略必须服从整体战略。

战略管理则是对企业全局的、长远的发展方向、目标、任务和政策以及资源配置做出决策和进行管理的过程。战略管理的过程（程序）包括战略分析、战略制定、战略实施、战略评价与控制、战略调整。

战略分析是制定战略的基础。战略分析包括外部环境分析和内部环境分析。战略分析的方法主要包括态势分析法[优势（strengths）、劣势（weaknesses）、机会（opportunities）、威胁（threats），以下简称 SWOT 分析]、波特五力分析法和波士顿矩阵分析法。

战略制定就是企业根据其愿景、使命和环境分析情况，选择和设定战略目标的过程。企业可以选择自上而下、自下而上或上下结合的方法制定其战略目标。为了实现企业的战略目标，企业确定战略目标之后，各部门需要结合企业战略目标设定本部门的战略目标，并将其具体化为一套与本企业可利用资源相匹配的关键财务及非财务指标的预测值。

在企业的战略管理领域,战略制定并不是问题的关键,问题的关键在于战略实施。所谓战略实施,就是企业将其战略目标变成现实的管理过程,即"化战略为行动"。企业的战略目标不可能自然而然地实现。因此,企业应该加强战略管控,结合使用战略地图、价值链管理等多种管理会计工具方法,引导战略落地,将企业与战略实施相关的关键业务流程化,从而确保企业高效率和高效益地实现其战略目标。

战略落地并不意味着战略得到了有效实施。为了有效地实施战略,企业还需要借助战略评价与控制。所谓战略评价与控制,就是企业在战略实施过程中,通过检测战略实施进展情况,评价战略执行效果,审视战略的科学性和有效性,不断调整战略举措,以达到预期目标。战略评价的内容包括:战略是否适应企业的内外部环境;战略是否达到有效的资源配置;战略涉及的风险程度是否可以接受;战略实施的时间和进度是否恰当。

企业的战略必须与企业内外部环境相适应。即便是最优秀的领航员,想顺利地带领一艘远航的船到达目的地,也需要根据风向和水流的变化,随时调整船的航线。企业不能"刻舟求剑",而应该根据环境的变化及时做出战略调整。战略调整就是企业根据其面临环境的发展变化和战略评价结果,及时调整其制定的战略,以保证战略有效指导企业经营管理活动。战略调整通常包括调整企业的愿景、长期发展方向、战略目标及其战略举措等。

二、战略管理与风险管理

战略具有应变性、竞争性与风险性。在当今瞬息万变的环境里,战略管理意味着企业应采取主动的姿态预测未来,而不是被动地对变化做出反应,这样才能超越竞争对手,保持竞争优势。为此,企业必须进行战略创新及其管理。

战略创新是指企业为了获得可持续竞争优势,根据所处的内外部环境已经发生的变化或预测会发生的变化,遵循环境、战略、组织三者动态协调原则,并涉及企业组织各要素同步支持性变化,对新的创意进行搜索、选择、实施、获取的系统性过程。

企业战略创新的"4Ps"法将战略创新分为产品创新、流程创新、定位创新和范式创新。产品创新(product innovation)是指组织提供的产品和服务的变化;流程创新(process innovation)是指产品和服务的生产和交付方式的变化;定位创新(position innovation)是指产品和服务进入市场的环境的变化,即通过在特定用户情境下重新定位对既有产品和流程的感知来实现的创新;范式创新(paradigm innovation)是指影响组织业务的潜在思维模式的变化。在具体实践中,这四种创新往往交织在一起,相互之间的界限并非十分清晰。

企业战略创新乃至日常经营中均面临不确定性及挑战,企业战略与风险相伴相随,企业战略管理离不开风险管理,二者风雨同舟。可见,风险管理是战略管理的题中之义,在战略管理全过程都必须有风险管理保驾护航,如此企业才能行稳致远。早在2006年6月,我国国务院国有资产监督管理委员会(以下简称国资委)就发布了《中央企业全面风险管理指引》。该指引提出的全面风险管理紧密联系企业战略,为实现企业整体战略目标寻求风险优化措施。2014年,COSO(Committeeof Sponsoring Organizations of the Treadway Commission,美国反虚假财务报告委员会下属的发起人委员会)首次启动了针对其2004年9月发布的《企业风险管理整合框架》的修订工作,在2017年9月正式发布时,COSO将其更名为《企业风险管理——整合战略与绩效》,更加关注风险管理对企业战略和愿景的支持,强调风险管理与业务活动的融合,进一步明确风险管理对战略目标规划和组织发展的重要性,将企业风险管理与决策联系起来,强调必须将风险管理工作融入组织活动的各个方面,包括制定战略、确定商业目标、执行商业活动以及评价绩效等。

三、风险与风险管理

搞清楚风险管理的第一步是明确风险的概念、分类及其计量,在此基础上,界定何谓风险管理,并确定风险管理目标,进而建立风险管理的知识框架。

(一)风险的概念、分类与计量

风险的定义与分类尚未达成共识,不同的学科与领域对风险有不同的理解与分类,在此,主要从金融领域对风险进行分析。

1. 风险的定义

国资委印发的《中央企业全面风险管理指引》(国资发改革〔2006〕108号)将企业风险定义为"未来的不确定性对企业实现其经营目标的影响"。理解这个定义需要把握四个方面:①企业风险与企业战略相关。战略目标不同,风险不同。②风险是一系列可能发生的结果,不能简单理解为最有可能的结果。③风险既具有客观性,又具有主观性。面对客观存在的风险,不同企业的主观认知可以有所不同。④风险总与机遇并存。风险有利的一面叫作机会,机会风险(投机风险)是收益与损失可能性并存的风险;风险不利的一面叫作威胁,如风险带来的竞争失败、经营中断、法律诉讼、商业欺诈、资产损失、贪污浪费、决策错误等,即纯粹风险。企业面临的风险往往是机会风险,所以人们不应该简单地防范风险、化解风险或抵御风险等,这样显然只是将风险理解为可能的损失(纯粹风险),是片面且不恰当的。企业应该善于利用风险,从风险中发现有利机会,经营好风险,妥善进行风险与收益的权衡。

COSO《企业风险管理——战略和绩效整合》(2017)中的风险定义:事项发生并影响战略和商业目标实现的可能性。对比一下,与国资委《中央企业全面风险管理指引》中的风险定义没有什么本质差异。

其实,我国还在风险管理领域制定了国家标准,如GB/T24353－2009《风险管理原则与实施指南》、GB/T23694－2013《风险管理术语》等。其中也有风险的定义:不确定性对目标的影响。该定义表明,风险的本质是面对未来的不确定性,无论好坏。

不过,最好的风险定义也许是从概率论角度下的定义:风险是指不能明确事物在未来特定时刻的发展状态与结果,但有能力预测出可能状态下的可能结果的数目与概率。简言之,风险是可用概率及其分布来描述的不确定性。

2.对风险的理解

风险的成因(形成链条):风险因素产生风险事件,风险事件导致风险损益(风险收益或风险损失,但事先不能确定哪一种结果会发生)。企业面临风险时,事先并不能确定风险的结果到底是风险收益还是风险损失。如果能事先确定,那么无论确定是风险收益还是风险损失,都不是风险。因此,不能将风险理解为发生损失的单一方向的可能性。

为了正确认识、理解与把握风险概念,需要注意以下六点。

(1)风险面向未来(不是"事后诸葛亮"),而且风险是中性的,不能只说风险是不好的。风险不等于问题、坏事、损失、失败、倒霉、困境等。

(2)"防范"或"化解"风险以及类似的表述,往往是不可取的,正确的态度是管理(控制)风险,包括承受风险、分散风险、转移风险、获取更多的决策信息等。

(3)风险不同于危险、危机、困境、失败,因为危险接近于一种确定的状态与结果,而危机也是一种确定的不良状态并产生了损害性的结果。处理危机,需要进行危机管理,而不是风险管理。

(4)"不作为"并不能消除风险(正所谓"树欲静而风不止"),但也不失为一种管理风险的方法。

(5)人们习惯于将风险理解为发生(遭受)损失的可能性,但风险还包含获取额外报酬(好处)的可能性。风险具有两面性,只说一个方面的话,就不能准确地理解风险。

(6)风险管理中,假设人们是厌恶风险的。其真实的含义是,若承担风险,则可要求风险报酬,虽然最终不一定能得到。要求的风险报酬是风险的函数,风险越大,投资者要求的风险报酬率越高。投资者要求的报酬率是无风险报酬率与要求的风险报酬率之和。如果认为见到风险就要防范与化解,则无"风险报酬率"概念存在的空间。在风险概念的理解问题上,防范与化解风险是一个常见的偏见与错误,应当小心,避免掉入这个陷阱。

3. 风险的分类

风险的分类也是五花八门。中国注册会计师会协会组织编写的注册会计师全国统一考试辅导教材之一——《公司战略与风险管理》每年的版本内容都有所更新,但对风险的分类没有变过。2021年版本是这样表述的:"企业面对的主要风险分为两大类:外部风险和内部风险。外部风险主要包括政治风险、法律风险与合规风险、社会文化风险、技术风险、市场风险等;内部风险主要包括战略风险、运营风险、财务风险等。"国资委的《中央企业全面风险管理指引》将企业风险具体分为战略风险、财务风险、市场风险、运营风险、法律风险五类,并没有区分内外部风险,也没有列举那么多种风险。

在金融风险管理领域,学者们对风险分类的说法众多,也没有形成统一的分类。通常将金融机构面临的风险分为市场风险(价格风险)、信用风险、流动性风险、操作风险等。

不过,前述风险分类都可能存在交叉与不完整的问题。好的分类应该有明确的分类标准,并且应该符合两个基本的标准,即平行(不交叉)与完整(没有遗漏)。依据资产负债表模型对企业风险进行分类可以同时满足这两个标准,因此,推荐用基于资产负债表模型的风险分类结果。

财务会计的资产负债表模型如图5-1所示。

资产负债表模型

左	右
资产	负债+所有者权益
投资管理	融资管理
固定成本	利息费用
经营杠杆	财务杠杆
经营风险	财务风险
经营风险管理	财务风险管理

图 5-1　企业风险管理的资产负债表模型

该模型左边是资产,资产是因投资而来,投资后形成资产。企业经营资产是为了创造价值,在经营资产的过程中面临的风险是经营风险。该模型右边是负债与所有者权益,是因筹资(融资)而来,解决投资所需资本。所有者权益是永久性资本,不存在强制的还本付息问题,因而对企业无风险可言。但是,负债却是企业应该承担的义务(对公司而言是有限责任),必须还本付息,所以企业使用负债融资就面临风险,这种风险即为财务风险。简言之,资产负债表模型左边的风险是经营风险,右边的风险是财务风险,财务风险仅仅与负债相关。

经营风险与财务风险是很容易被人胡乱使用的概念,尤其是财务风险的使用极其混乱。使用资产负债表模型的一大好处是,可以清晰地界定经营风险与财务风险,能有效避免这种混乱。

按资产负债表项目涉及的时间长短,左边的经营风险可进一步分为短期(战术)经营风险、长期(战略)经营风险;右边的财务风险也可再分为短期(战术)财务风险、长期(战略)财务风险。企业战术(短期)风险包括短期(战术)经营风险与短期(战术)财务风险;企业战略(长期)风险包括长期(战略)经营风险与长期(战略)财务风险。

按资产负债表的明细项目,企业风险的具体分类可更加详细。①左边:短期经营风险包括现金风险、短期证券投资风险、应收账款风险(即信用风险,不可归入财务风险)、预付账款风险与存货风险;长期经营风险包括固定资产投资风险、无形资产乃至智力资产投资风险、长期证券投资风险、并购风险及其他长期投资风险。②右边:短期财务风险包括应付账款风险、应付票据风险、预收账款风险、短期借款风险、短期应付债券风险等;长期财务风险包括长期借款风险、长期应付债券风险、长期应付账款风险等。

4. 风险的计量

通过资产负债表模型可知,左边的资产每期创造的价值即息税前利润(Earnings Before Interest and Tax,EBIT),用相对数表示即为资产利润率(Return on Assets,ROA)或投资报酬率(Return on Investment,ROI),等于息税前利润除以资产的平均数(A),即

$$ROA = EBIT/A$$

特别提示,这里的 EBTT 可用管理会计中的本量利分析模型进行计算。即

$$EBIT = 销售收入 - 变动成本 - 固定成本$$

右边的价值分配从左边创造的 EBIT 开始,首先,要分给债权人利息(I),相对数即利率;其次,要分给政府所得税,相对数为所得税税率(t_c),所得税的计算公式为:

$$(EBIT - I) \times t_c$$

最后,要分配给所有者,可供分配的利润是剩余的利润(税后利润),即

$$(EBIT - I) \times (1 - t_c)$$

相对数是权益报酬率或净资产收益率(Return on Equity,ROE),是税后利润(Net Income,NI)除以所有者权益平均数(E)的结果,计算公式为:

$$ROE = NI/E = [(EBIT - I) \times (1 - t_c)]/E$$

经过简单的数学推导,可得:

$$ROE = ROA + (L/E) \times (ROA - R_L) \times (1 - t_c)$$

式中,L 为负债;E 为所有者权益(以下简称权益);L/E 为资本结构;R_L 为负债的利率。

从中可以看出,资本结构的确影响 ROE,但 ROE 是一个分配的结果。当 ROA>R_L 时,增加负债(资本结构向上的改变),ROE 上升,此时的资本结构改变,产生财务杠杆正效应;当 ROA<R_L 时,增加负债(资本结构向下的改变),ROE 下降;此时的资本结构改变,产生财务杠杆负效应。因此,在实践中,企业不能简单地"降杠杆",更不能武断地"去杠杆",而应该适时合理地"调杠杆",即当企业有能力发挥财务杠杆正效应时,财务杠杆可往上调,这对企业所有者更有利;而当企业面临财务杠杆负效应时,则应将财务杠杆往下调,以避免企业陷入财务危机。

经营风险在资产负债表模型左边,是资产引起的风险,可用息税前利润(EBIT)或资产报酬率(ROA)的方差或标准差(均方差)进行计量,其

方差或标准差越大,经营风险越大。经营风险还可以用经营杠杆系数(Degree of Operating Leverage,DOL)进行计量:经营杠杆可用 DOL 衡量,固定成本越大,DOL 越大,经营杠杆越高,经营风险也就越高。

财务风险在资产负债表模型右边,是负债引起的风险,负债是产生财务风险的唯一原因。没有负债的企业,便没有财务风险,只有经营风险。财务杠杆可用财务杠杆系数(Degree of Financial Leverage,DFL)衡量,负债越多,利息就越多,DFL 越大,财务杠杆越高,财务风险也就越高。基于企业是股东的企业,还可以用每股收益(Earnings Per Share,EPS)或净资产收益率(Return on Equity,ROE)的方差或标准差计量企业风险,其方差或标准差越大,企业风险越大。用企业风险减去经营风险,剩余的就是财务风险。当然,还有一种最简单的计量方法,就是直接使用资产负债率或权益乘数(Equity Multiplier,EM)衡量财务风险。资产负债率是负债与资产的比率,权益乘数是资产与所有者权益的比率,二者的关系为:

$$权益乘数=1/(1-资产负债率)$$

企业的资产负债率或权益乘数越大,财务风险越高。

(二)风险管理的特征与目标

1.风险管理的特征

企业风险管理具有以下五大特征。

(1)战略性。风险管理主要运用于企业战略管理层面,站在战略层面整合和管理企业层面风险是全面风险管理的价值所在。

(2)全员性。企业全面风险管理是一个由企业治理层、管理层和所有员工参与,旨在把风险控制在风险容量以内,增进企业价值的过程。只有将风险意识转化为全体员工的共同认识和自觉行动,才能确保风险管理目标的达成。

(3)专业性。企业的风险管理应由专业人才实施专业化管理,为此企业应该专门设置风险管理机构,配备首席风险官(Chief Risk Officer,CRO)以及各级风险管理岗位人员。

（4）二重性。企业全面风险管理的商业使命在于：①损失最小化管理；②不确定性管理；③绩效最优化管理。当风险损失不能避免时，尽量减少损失至最小化；风险损失可能发生或可能不发生时，应设法降低风险发生的可能性；风险预示着机会时，应化风险为增进企业价值的机会。全面风险管理既要管理纯粹风险，也要管理机会风险，尤其要善于利用机会风险，为企业创造价值。

（5）系统性。全面风险管理必须拥有一套系统的、规范的方法，建立健全全面风险管理体系，包括风险管理策略、风险理财措施、风险管理的组织职能体系、风险管理信息系统和内部控制系统，从而为实现风险管理的总体目标提供合理保证。

2. 风险管理的目标

《中央企业全面风险管理指引》设定了风险管理的五个总体目标：①确保将风险控制在与企业总体目标相适应并可承受的范围内；②确保内外部，尤其是企业与股东之间实现真实、可靠的信息沟通，包括编制和提供真实、可靠的财务报告；③确保遵守有关法律法规；④确保企业有关规章制度和为实现经营目标而采取重大措施的贯彻执行，保障经营管理的有效性，提高经营活动的效率和效果，降低实现经营目标的不确定性；⑤确保企业制订针对各项重大风险发生后的危机处理计划，保护企业不因灾害性风险或人为失误而遭受重大损失。

总体而言，企业风险管理的目标可界定为追求企业价值最大化。

企业风险管理必须服务于企业价值最大化的实现。企业风险管理的目标并不是完全消除风险，也不是简单地降低风险，而应做到：①在进行决策时对风险进行评估，将风险控制在一个可接受的限度内；②避免不必要的风险，并防止不必要的损失；③在风险发生概率较高的情况下，降低不利结果出现的频率，在不利结果较严重的情况下，降低其影响。

为此，在企业风险管理中，企业应该明确自己的风险偏好和风险承受

(容忍)度,从而将风险控制在企业有能力接受的水平或范围之内。[①]

风险偏好是企业希望承受的风险范围,分析风险偏好要回答的问题是公司希望承担什么风险和承担多少风险。例如,应该与这个公司联盟吗?是否需要套期保值?应该在这个地区投资吗?应当保持多高的资产负债率?

风险承受度是指企业风险偏好的边界,分析风险承受度可以将其作为企业采取行动的预警指标。企业可以设置若干承受度指标,以显示不同的警示级别,解决当风险出现时企业应该怎么办的问题。例如,市场表现到什么时候,企业就应该追回投资或退出?资产负债率多高时,企业就需要停止投资?

风险偏好和风险承受度的提出是基于企业风险管理的理念变化。传统的风险管理理念认为风险只是灾难,因而它被动地将风险管理作为成本中心。而全面风险管理的理念认为风险具有二重性,风险总是与机遇并存。提出风险偏好概念的意义就在于研究企业风险和收益的关系,进行风险与收益(报酬)权衡。企业明确了风险偏好和风险承受度,就可以在机遇和风险中寻求平衡点,以帮助实现企业价值最大化的目标。

《管理会计应用指引第 700 号——风险管理》[②]也提及风险偏好与风险容忍度,并与风险管理目标相联系,具体的表述是:"风险管理目标是在确定企业风险偏好的基础上将企业的总体风险和主要风险控制在企业风险容忍度范围之内。风险偏好,是指企业愿意承担的风险及相应的风险水平;风险容忍度,是指企业在风险偏好的基础上,设定的风险管理目标值的可容忍波动范围。"

四、整合风险管理

在金融领域,价值是指任何资产(包括企业)未来创造的所有净现金

---

① 王伟.企业风险管理研究[M].北京:中国原子能出版社,2022.
② 2018 年 8 月,中华人民共和国财政部根据《管理会计基本指引》制定了《管理会计应用指引第 700 号——风险管理》《管理会计应用指引第 701 号——风险矩阵》等第二批 7 项管理会计应用指引。

流量的现值之和。把握这个定义应抓住以下要点。

(1)净现金流量是投资形成的资产(企业)所创造,而非源于融资活动的现金流量,这表明融资并不创造价值。

(2)价值用现值加以定义,与一些带有"价值"的流行术语是完全不同的,如账面价值、市场价值、公允价值等。账面价值是历史成本计量的结果,不是真正的价值;市场价值是用市场价格计量的,也不是真正的价值;公允价值不过是有序交易中形成的价格,也并非真正的价值。

(3)计算现值所用的贴现率是投资者要求的报酬率,它是投资者创造的净现金流量所面临风险的函数。风险越大,投资者要求的报酬率就越高,贴现率也越高,这就是风险与报酬(收益)权衡原理的基本含义。

估值是对价值的计量,而不是定价。估值模型主要有四类:贴现的现金流量估值模型、乘数估值模型、实物期权估值模型、梅特卡夫估值模型。贴现的现金流量估值模型是财务管理中的主流模型,也是较为科学的估值模型。

贴现的现金流量估值模型秉承价值由未来的净现金流量决定的逻辑,科学地发现决定价值的三大变量(价值驱动因素)是:净现金流量的规模或大小(用 NCF 表示),净现金流量的风险所决定的贴现率(用 r 表示),净现金流量的时间分布所决定的经济寿命(用 n 表示)。

回到价值的定义,将其模型化,即得到贴现的现金流量估值模型的数学表达:

$$V=\sum_{t=1}^{n}NCF_t \cdot (1+R)^{-t}$$

企业的目标是追求企业价值最大化,企业风险管理的目标是帮助企业实现企业价值最大化。从上述数学模型中可知:①净现金流量正数越多,企业价值越大;②净现金流量的风险越小,企业价值越大;③企业的经济寿命越长,企业价值越大。可是,这是单变量独立分析的结果,缺乏系统性思维。如此分析的话,结论自然是风险管理应努力做到风险最小化,不过这是错误的风险管理目标。我们必须将三大变量放在该数学模型中进行综合分析,因为三者是互动的:希望净现金流量正数越多,则意味着面临的风险越大,经济寿命可能越短。要同时实现净现金流量正数多,净现金流量风险越小,企业经济寿命长,几乎是不可能的。通过风险管理,企业可以降低交易成本,即增加正的净现金流量,但要同时降低风险并延长经济寿命,可能性几乎为零。因此,企业应在风险管理中贯彻风险与报酬(收益)权衡,谨记"高风险,高收益,高损失"的九字箴言。

按资产负债表模型,企业风险=经营风险+财务风险,经营风险和财务风险共同影响现金流量的风险,从而影响估值的贴现率,最终影响企业价值创造。好的风险管理能创造价值;坏的风险管理则毁灭价值。风险管理应当"左顾右盼",兼顾经营风险与财务风险,有整合管理的思维,不能顾此失彼,应实施整合风险管理,即对经营风险与财务风险进行综合管理。

整合风险管理是一个连续的、积极的、系统的风险管理过程,用以理解、控制和交流来自企业各个方面的风险,围绕企业战略决策关注的问题,目的是促使企业实现总体目标。企业整合风险管理不应局限于个别风险和个别事件的风险识别、评价和控制,而是要综合考虑影响整个企业整体风险水平的各种因素,权衡各种风险的相互影响、相互作用后的整体效应,兼顾控制风险损失的内部和外部方法,最有效地管理企业的整体风险,要在一个统一的框架下对经营风险和财务风险进行整合与管理。

运用整合风险管理思维与理念进行企业风险管理时,应该把握好四点:①经营风险一定时,财务杠杆系数越大(财务风险越大),企业总风险会越高。②财务杠杆系数一定(财务风险一定)时,经营风险越高,企业总风险也会越高。③财务风险和经营风险具有相互放大作用(乘数效应),因此,企业往往不能"双离"配置,一般应"一高一低"配置风险,即经营风险高,则财务风险低,财务风险高,则经营风险低,从而使企业风险总体水平处于可承受、可控制范围之内。④财务风险的大小最终决定于经营风险。这说明经营风险管理比财务风险管理更重要,因为经营风险管理的成功最终决定了财务风险管理的成功。例如,如果经营风险管理使得财务杠杆发生正效应,则财务风险几乎不必控制,因为在这种情形下,增加负债(提高财务杠杆)对企业绝对是好事,能创造更高的价值,而无损失之虞。可见,企业风险管理虽然理应"左顾右盼",但重点在"左顾",即重视对经营风险的管理。

第二节　风险管理流程

风险管理基本流程包括以下主要工作。

(1)收集风险管理初始信息。企业可从战略风险、财务风险、市场风险、运营风险、法律风险五个方面收集风险管理的初始信息。

(2)进行风险评估,包括风险辨识、风险分析与风险评价。

(3)制定风险管理策略。可供选择的风险管理策略主要有风险承担、风险规避、风险转移、风险转换、风险对冲、风险补偿、风险控制七种策略(工具方法)。

(4)提出和实施风险管理解决方案,可分外部解决方案(风险管理外包)与内部解决方案(企业风险管理系统的建立与运行)。

(5)风险管理的监督与改进。

《中央企业全面风险管理指引》的风险管理基本流程很有参考价值。不过,各种风险管理制度、文献中对风险管理流程的描述都会存在稍许差异,但对于风险识别、风险评估、风险应对与风险监控这四个程序基本上是共有的。风险识别应该建立在对风险管理初始信息收集的基础上,所以收集风险管理初始信息可以包含在风险识别之中。风险管理策略与风险管理解决方案,即风险应对。经过简单的对比分析之后,风险管理的"四程序说"与《中央企业全面风险管理指引》的风险管理基本流程并无本质区别。

一、风险识别

风险识别是将企业所面临的风险查找与分析出来,并列出风险清单。风险清单上应具体写明风险的种类与性质(特征)、风险来源(风险因素)、产生风险的条件、可能的风险事件及风险损益、风险的严重程度等。风险清单的格式,可参考《管理会计应用指引第702号——风险清单》[①]。

风险识别的目的是要找出风险之所在和引起风险的主要因素,以便在此基础上对风险的后果做出定性或定量的估计。

风险识别的方法很多,常用的有德尔菲法、头脑风暴、情境分析法、核对表法、面谈法、财务报表分析法等。这些方法可以综合运用。

风险识别主要有以下三种模式。

(1)从上到下模式:主要由董事会和高级经理层来识别风险,其好处是可以从战略和竞争对手角度进行分析。

(2)从下到上模式:委托基层小组来做,每个小组由一名风险管理组长领导,最后将汇总数据上报董事会和高级经理层,其好处是更容易发现营运层面的风险。

(3)上下结合模式:从上到下模式和从下到上模式的结合运用,类似于"民主集中制",便于从全体员工处获取风险方面的信息,发现所有战略和营运的风险。

风险识别时应注意以下问题。

(1)现场视察,掌握第一手材料与信息。

(2)风险管理部门与其他部门密切联系与配合,如发挥内部审计的作用。

(3)时时注意外部有关风险事件的信息,如官方和非官方机构公布的有关风险管理资料、各种媒体报道的风险管理案件与事例。

(4)实时关注国际上有关风险管理方面的政治、经济贸易、技术等发展动态。

(5)做好风险管理资料保管工作(建立档案库),最好建立风险管理信息系统。

---

① 2018年12月,中华人民共和国财政部根据《管理会计基本指引》制定了《管理会计应用指引第702号——风险清单》等第三批5项管理会计应用指引。

二、风险评估

风险分析与评估包括对风险的定性分析与定量分析。对风险的定性分析是对企业所面临的风险进行的充分、系统、有条理的考虑与分析,依据风险识别的成果确定企业的各种风险性质,具体包括风险因素所导致的风险事件的发生频率和可能性大小(概率)、可能的结果范围与损失程度(严重性和影响程度)、预期发生的时间等。对风险的定量分析是对风险的量化,企业通过建立风险的计量模型,确定单一风险和企业总体风险水平,为应对风险提供科学的依据。

风险评估的方法有很多,在注册会计师全国统一考试辅导教材《公司战略与风险管理》(2021)中介绍了十一种风险管理技术方法:头脑风暴法、德尔菲法(专家意见法)、失效模式影响和危害度分析法、流程图分析法、马尔科夫分析法、风险评估系图法、情境分析法、敏感性分析法、事件树分析法、决策树法、统计推断法。《管理会计应用指引第701号——风险矩阵》也可以参考。除此之外,还有蒙托卡洛随机模拟法、评分法、资本资产定价模型、期权定价模型和VaR(Value at Risk,风险价值模型,也称受险价值方法)等。如今,企业还可以运用大数据分析的各种技术对企业风险进行评估。

计量风险的指标主要有方差与均方差(标准差)、变异系数(标准离差率)、置信区间与置信概率、贝塔β(衡量系统风险)、VaR等。VaR,即在险价值(受险价值),是指在正常的市场条件和给定的置信水平(通常是95%或99%)上,在给定的持有期间内,某一投资组合预期可能发生的最大损失,或在正常的市场条件和给定的时间段内,该投资组合发生VaR值损失的概率仅为给定的概率水平(置信水平)。

在风险评估时,企业尤其应注重对重大活动的风险度量。重大活动是一个相对概念,是指对一个企业的财务和经营状况会产生重大实质性影响的活动,如大型项目的投资、金额较大的并购等,它们往往影响企业战略目标的实施与实现。企业对重大活动的风险评估信息,可为企业战略决策提供充分的依据,帮助企业将战略风险控制在可承受的水平。

三、风险应对

风险应对即风险处理,是风险管理中的决策和执行,也就是风险管理策略(方法)的选择与实施。在识别和衡量了风险之后,企业就要做出各种避免和控制损失的决策,并采用有效的方法与措施管理风险。

企业应根据风险管理策略,针对各类风险或每一项重大风险制定风险管理解决方案。方案一般应包括风险解决的具体目标,所需的组织领导,所涉及的管理及业务流程,所需的条件、手段等资源,风险事件发生前、中、后所采取的具体应对措施,以及风险管理工具(如关键风险指标管理、损失事件管理等)。企业制定风险管理解决的外包方案时,应重视成本与收益的平衡、外包工作的质量、自身商业秘密的保护,以及防止自身对风险解决外包产生依赖等,并制定相应的预防和控制措施。

应对不同的风险,企业应采用不同的处理方法,方法如下:

(1)程序式管理方法。这是一种按既定的法律、制度和流程(程序、规程)处理风险的方法,即通过遵守规则来控制风险,消除隐患。可见,认真执行企业的各项规章制度本身就是一种管理风险的好方法。

(2)基于系统的管理方法。先建立一套专门的系统对风险进行识别、评估、分级(排序),然后根据风险的影响和概率分别采用不同的管理方法。这种方法依赖于内部控制,通过内部控制来确保风险能得到恰当的控制和持续的监控。

公司对风险的管理不是一项一项单独管理的,原因包括:①诸如只对有形财产投保而不对汇率风险采取任何措施的做法,是行不通的;②部分业务因风险造成的损失可能会被其他部分产生的利润抵销,如利率上升给某个部门造成了损失,但可能使另一个部门利润增加。因此,公司应当把风险作为一个总体来看待,运用整合风险管理思维,对其"风险组合"进行持续的监控,将风险总量控制在公司可以承受的范围和水平之内。

四、风险监控

企业的风险管理系统一定要具备持续监控的功能,并与企业的内部控制系统相融合。风险监控就是对风险管理规划和风险识别、评估及处理全过程的监督与控制,从而保证风险管理达到预期的目标。

企业应以重大风险、重大事件和重大决策、重要管理及业务流程为重点,对风险管理初始信息、风险评估、风险管理策略、关键控制活动及风险管理解决方案的实施情况进行监督,采用压力测试、返回测试、穿行测试以及风险控制自我评估等方法对风险管理的有效性进行检验,根据变化情况和存在的缺陷及时加以改进。

风险监控的作用有:①核对风险管理方法和措施的实际效果与预计的是否一致;②及时纠正错误的风险管理决策;③寻找机会细化和完善风险管理计划;④尽快发现未识别的、发生了变化的以及新出现的风险,及时反馈信息,有必要时重新进行风险识别、评估及处理;⑤积累经验资料,使以后的风险管理决策更加符合实际;⑥对风险管理的效果进行业绩评价。企业风险管理部门应当及时向董事会和企业高级经理层报告风险信息。

企业可聘请有资质、信誉好、风险管理专业能力强的中介机构对企业全面风险管理工作进行评价,出具风险管理评估和建议专项报告。报告一般应包括以下几方面的实施情况、存在缺陷和改进建议。

(1)风险管理基本流程与风险管理策略。

(2)企业重大风险、重大事件和重要管理及业务流程的风险管理及内部控制系统的建设。

(3)风险管理组织体系与信息系统。

(4)全面风险管理总体目标。

内部审计是企业内部的一种持续性的评估和监控系统,其目的之一是检查并评估会计和内部控制系统。它应客观地检查、评估并报告内部控制是否充分和有效,以保证企业能以恰当、经济、合理、高效的方式使用资源。风险管理与内部控制密不可分,内部审计对风险管理进行审计是责无旁贷的。对风险管理进行审计,应该成为内部审计的重点领域。

企业内部审计部门应至少每年一次对包括风险管理职能部门在内的各有关部门和业务单位能否按照有关规定开展风险管理工作及其工作效果进行监督评价,监督评价报告应直接报送董事会或董事会下设的风险管理委员会和审计委员会。此项工作也可结合年度审计、任期审计或专项审计工作一并开展。

第三节　风险管理方法

风险管理方法可以概括为四类:风险回避(规避)、风险自担(自留或承受或接受)、风险转移、风险预防与控制。企业采用任何风险管理方法或方法的组合,都不是免费的,都应仔细权衡相关成本与相关收入,以做出明智的抉择。

一、风险回避

风险回避是指在考虑到某一活动可能带来风险或潜在损失较大时,企业采取极端的手段,主动放弃或改变该活动,从而避免与该活动有关的风险暴露和潜在损失。

这是一项最为简单、彻底的风险控制技术,可以在事前、事中实施,同时又是一种消极的风险控制技术。风险回避是企业意识到风险的不利后果太严重,自己无法承受时,采取的主动放弃措施。企业最好在业务活动尚未开始时就采用这一策略;放弃或改变正在进行的项目,一般会付出较大的代价。

对这一类方法的运用要把握好以下五点。

(1)回避风险意味着放弃可能的获利机会。

(2)回避一种风险可能产生另一种风险。

(3)有些风险无法回避,如投资于股票的系统风险。

（4）对未识别的风险无法回避。

（5）风险回避只是风险管理方法中的一种而已，不是全部。尤其要注意将其与风险防范相区分。风险防范是指不管遇到什么风险都要远离与阻止，是对所有风险采取的唯一的态度与方法，实际上是一种流行的错误。风险回避只是基于企业风险偏好而对某些超出风险容忍度的风险所采取的管理方法之一，并非针对全部风险一律采用的管理方法。

二、风险自担

风险自担是与风险回避相反的做法：自己承担风险及其可能造成的损失。企业对已识别的风险是主动的风险自担；对未识别的风险是被动的风险自担。

企业选择风险自担，一般事先准备了一些应急办法，如计提和建立各种风险基金（财务会计中计提各种资产减值准备，可视为建立风险基金）、与银行签订信用额度合同、事先签订应急贷款协议等。

风险自担的高级形式是风险自保，如创办专业自保公司或参与联合自保公司，还可以租借自保公司。

风险自担具有一定的绝对性，因为许多风险无法投保，如各种投机风险，因为保险公司只对纯粹风险（可保风险）承保；即使可保风险也不能完全转移到保险公司。在企业创新过程中，创新就意味着要坦然接受风险，风险自担是不可避免的。

企业遇到下列情况之一时，可考虑采用此法。

(1)认为风险在自己可承受的能力范围内。

(2)不想失去获利的机会（机会成本大）。

(3)管理风险的成本预计低于可能的损失。

(4)风险较小且不利后果轻微。

(5)保费高于自担风险的成本。

(6)企业认可的其他情形。

因此，企业对哪种风险采用风险自担的方法要基于管理会计的相关利润分析方法,即估计采用风险自担的相关收入与相关成本。如果相关收入大于相关成本,即相关利润(经济利润)大于0,则可采用风险自担;否则不应采用。相关收入包括:可节省的附加保费,可增加的额外收入,可避免的道德风险和逆向选择(风险),可减小由于保险市场不稳定带来的财务冲击,有利于企业的整体风险管理等。相关成本包括:增加企业的不确定性,信用级别下降和降低声誉,可能放弃好的投资机会,不能享受税收上的好处(如保费在税前列支,而风险准备金往往是税后提取的)等。实践中,最困难的是相关收入与相关成本的计量(量化)问题。不管怎么样,相关利润分析方法是一种有用的风险管理决策方法,可帮助企业进行正确的思维与决策。

三、风险转移

风险转移是指将风险及其可能的收益和损失全部或部分转移给他人(受让人)。公司采用这种方法往往要付出一定的代价。具体做法有很多,试列举如下:

(1)出售风险大的资产或退出某一行业或投资项目:可能的收益与损失同时转移,有机会成本。

(2)套期保值:通过放弃潜在的收益来降低可能的损失,如对有关衍生金融工具的运用。

(3)保险:支付额外费用(保险费),在保留潜在收益的情况下,降低可能的损失。

(4)分散投资(多元化经营):可分散非系统风险,但无法分散系统风险;降低总风险的同时,可能降低收益水平。

(5)联合投资:合资、合作、合营。

(6)合同转移——分包或转包业务:如保险公司分保(再保险)、租赁合同、工程分包或转包合同、外包。

(7)采用公司组织:有限责任。

(8)委托保管:如银行的保管箱业务。

(9)担保合同：如上市公司接受担保。

(10)合同安排：订立开脱责任（免责）协议或利用合同中的转移责任条款。

(11)利用中介组织，如会计师事务所（审计）、投资基金、信用评估机构等。

(12)企业托管。

需要注意的是(5)(6)(7)的做法还涉及风险共担。

风险转移是企业将自己不能承担或不愿承担的以及超过自身财务承担能力的风险损失或损失的经济补偿责任，以某种方式转移给其他单位或个人的一种措施。常见的风险转移机制包括对冲、保险、保证、签订合约、证券化、项目融资等。风险转移可分为两种基本的做法：保险转移与非保险转移。非保险转移又可细分为控制型风险转移与财务型风险转移。

控制型风险转移是为了减少风险单位的损失频率和损失幅度，将损失的法律责任借助合同或协议方式转移给非保险人的个人或群体的管理方法，如合同转移、风险证券化、巨灾风险证券。

一般来说，企业在识别和衡量自己所面临的风险之后，首先应考虑风险能否采用控制型技术来处理，如果不能控制或不能完全控制，则需结合财务型风险处理手段，即采用适当的损失融资手段，以实现风险管理目标。风险融资或风险理财是指以固定的费用将损失转移到企业外部，或者进行财务重组，提高企业处理风险的能力。

将风险转移到企业外部的其他机构可以有效地降低不可控损失对本企业的冲击，其他机构因为规模经济和范围经济（如通过风险聚合和风险分散）、信息优势或专业知识而具有处理风险的比较优势。

企业也可以直接通过内部财务重组来降低违约风险，如提供更多的资本、降低负债水平、降低经营杠杆、改善内部信用管理方法、增加企业业务分散化程度或建立自保计划等。财务重组的具体方式包括长短期债券融资、改善信用、资产担保融资(如资产证券化、租赁、项目融资)等。[1]

四、风险预防与控制

风险预防与控制是一种积极的风险管理方法,可分为风险预防与风险控制两种做法。

风险预防是在风险损失发生之前调整或重组企业经营过程中的某些方面,以降低损失发生的概率,特别适用于损失频率高的风险事件。通常可以从改变风险因素、改变风险因素所处的环境、改变风险因素与所处环境相互作用的机制三个方面采取措施。例如,对于金融服务企业来说,它们可以从程序重组、工作质量和职位调整、产品和服务再设计、人力因素工程、欺诈的预警与发现等方面来预防损失。风险管理的最高境界可以概括为防患于未然,即将风险控制在萌芽状态,使其在发生前就得到解决或避免。

风险控制是指采取各种可行的措施,最大限度地降低风险事故发生的概率/频率和减小风险带来的损失幅度。企业可以在事故发生前或事故发生后采取相应的损失抑制措施,以减少损失。事前措施包括应急计划、风险隔离等;事后措施主要是危机管理,是风险管理的补救措施。为降低损失的可能性或严重性而采取的行动,可以在损失发生之前、之中、之后采取。风险事故一旦发生,企业必须采取损失抑制措施,重点是减少损失幅度,通常适用于外部事件。

企业预防与控制风险的常用办法如下:

(1)物理性预防措施(设置保障机制)——分离或复制风险单位,如安装报警系统、视频监控系统、消防灭火器、应急灯、备用动力系统,备份文件,建防火墙,系安全带,隔离等。

(2)制度、程序控制。如严格按作业程序操作,以防工伤事故;执行严格的现金支付和划拨程序,以防资金挪用与侵吞。坐飞机、地铁前的安检

---

[1] 冉湖.企业内部控制与风险管理实战[M].北京:原子能出版社,2022.

就同时使用了(1)和(2),不过,这的确也降低了效率,增加了成本。

(3)风险意识教育。通过倡导人人对风险负责,形成良好的风险管理文化氛围。

(4)雇佣风险管理专业人员与机构,如聘用保安、保镖、法律顾问、注册会计师、管理咨询师等。

(5)进行风险因子管理,即通过降低风险因素的水平、改变其分布或企业对风险因素的敏感性,来调整可能引起潜在损失的经营环境。常见的风险因子管理技术包括质量管理、员工筛选、培训、企业文化管理、组织结构设计及关系管理等。

(6)运用风险组合。通过兼并、扩展、联营、联盟,将多个独立的风险单位融为一体,增加同类风险单位的数目来提高未来损失的可预测性,以达到降低风险的目的。

第四节　风险管理系统

企业实施风险管理,必须靠人,人人得有风险及其管理意识,尤其是要有风险管理人才。企业只有组织协调好人,才能进行系统有效的风险管理。所以,企业首先要建立健全风险管理组织。风险管理组织的运行必须有风险管理信息的引导,建立健全风险管理信息系统就是建立健全风险管理的"中枢神经系统",不能可有可无。内部控制系统对风险管理进行监控,可为风险管理保驾护航,保证风险管理系统的有效性。企业在风险管理过程中,必须未雨绸缪,基于企业战略进行风险管理规划,制定符合本企业实际情况的风险管理策略以及相应的风险管理措施,尤其是风险理财措施。因此,企业风险管理系统(体系)至少应该包括五大系统:风险管理组织体系、风险管理信息系统、内部控制系统、风险管理策略与风险管理措施。

一、风险管理组织体系

企业应建立健全风险管理组织体系,关键包含规范的公司法人治理结构,风险管理职能部门、内部审计部门和法律事务部门以及其他有关职能部门、业务单位的组织领导机构及其职责。

企业应建立健全规范的公司法人治理结构,股东(大)会、董事会、监事会、经理层依法履行职责,形成高效运转、有效制衡的监督约束机制。董事会就全面风险管理工作的有效性对股东(大)会负责。董事会下可设风险管理委员会,该委员会成员中应有熟悉企业重要管理及业务流程的董事,以及具备风险管理监管知识或经验、具有一定法律知识的董事。企业应在董事会下设立审计委员会,企业内部审计部门对审计委员会负责。内部审计部门在风险管理方面,主要负责研究建立全面风险管理监督评价体系,制定监督评价相关制度,开展监督与评价,出具监督评价审计报告。企业总经理对全面风险管理工作的有效性向董事会负责。总经理或总经理委托的高级管理人员负责主持全面风险管理的日常工作,负责组织拟订企业风险管理组织机构设置及其职责方案。

企业应设立专职部门或确定相关职能部门履行全面风险管理的职责。风险管理职能部门对总经理或其委托的高级管理人员负责,主要履行以下职责。

(1)研究提出全面风险管理工作报告。

(2)研究提出跨职能部门的重大决策、重大风险、重大事件和重要业务流程的判断标准或判断机制。

(3)研究提出跨职能部门的重大决策风险评估报告。

(4)研究提出风险管理策略和跨职能部门的重大风险管理解决方案,并负责该方案的组织实施和对该风险的日常监控。

(5)负责对全面风险管理进行有效性评估,研究提出全面风险管理的改进方案。

(6)负责组织建立风险管理信息系统。

(7)负责组织协调全面风险管理日常工作。

(8)负责指导与监督有关职能部门、各业务单位以及全资或控股子企业开展全面风险管理工作。

企业其他职能部门及各业务单位在全面风险管理工作中,应接受风险管理职能部门和内部审计部门的组织、协调、指导和监督,主要履行以下职责。

(1)执行风险管理基本流程。

(2)研究提出本职能部门或业务单位重大决策、重大风险、重大事件和重要业务流程的判断标准或判断机制。

(3)研究提出本职能部门或业务单位的重大决策风险评估报告。

(4)做好本职能部门或业务单位建立风险管理信息系统的工作。

(5)做好培育良好的风险管理文化的有关工作。

(6)建立健全本职能部门或业务单位的风险管理内部控制子系统。

在建立健全企业风险管理组织体系的过程中,企业必须加强风险管理文化的培养与发扬。企业只有拥有优秀风险管理文化,其风险管理系统才能有效运行。为此,企业应注重建立具有风险意识的企业文化,促进企业风险管理水平、员工风险管理素质的提升,保障企业风险管理目标的实现。

风险管理文化建设应融入企业文化建设全过程。企业应大力培育和塑造良好的风险管理文化,树立正确的风险管理理念,增强员工风险管理意识,将风险管理意识转化为员工的共同认识和自觉行动,促进企业建立系统、规范、高效的风险管理机制。企业应在内部各个层面营造风险管理文化氛围。董事会应高度重视风险管理文化的培育,总经理负责培育风险管理文化的日常工作。董事和高级管理人员应在培育风险管理文化中起表率作用。重要管理及业务流程、风险控制点的管理人员和业务操作人员应成为培育风险管理文化的骨干。

企业应大力加强员工法律素质教育,制定员工职业道德守则,形成诚实守信、合法合规经营的风险管理文化。"诚外无物",讲诚信是最佳的风险管理实践。对于不遵守国家法律法规和企业规章制度、弄虚作假、徇私舞弊等违法及违反职业道德守则的行为,企业应严肃查处。企业全体员工尤其是各级管理人员和业务操作人员应通过多种形式,努力传播企业风险管理文化,牢固树立风险无处不在、风险无时不在、严格防控纯粹风险、审慎处置机会风险、岗位风险管理责任重大等意识和理念。风险管理文化建设应与薪酬制度和人事制度相结合,这有利于增强各级管理人员特别是高级管理人员的风险意识,防止盲目扩张、片面追求业绩、忽视风险等行为的发生,以追求企业的可持续发展。

企业应建立重要管理及业务流程、风险控制点的管理人员和业务操作人员岗前风险管理培训制度,采取多种途径和形式,加强对风险管理理念、知识、流程、管控核心内容的培训,培养风险管理人才,培育风险管理文化。

二、风险管理信息系统

企业应将信息技术(如移动互联网、物联网、人工智能、云计算、区块链、大数据等)应用于风险管理的各项工作,建立涵盖风险管理基本流程和内部控制系统各环节的风险管理信息系统,包括信息的采集、存储、加工、分析、测试、传递、报告、披露等。

企业应采取措施确保向风险管理信息系统输入的业务数据和风险量化值的一致性、准确性、及时性、可用性和完整性。对输入信息系统的数据,未经批准,不得更改。

风险管理信息系统应能够进行对各种风险的计量和定量分析、定量测试;能够实时反映风险矩阵和排序频谱、重大风险和重要业务流程的监控状态;能够对超过风险预警上限的重大风险实施信息报警;能够满足风险管理内部信息报告制度和企业对外信息披露管理制度的要求。

风险管理信息系统应实现信息在各职能部门、业务单位之间的集成与共享,既能满足单项业务风险管理的要求,也能满足企业整体和跨职能部门、业务单位的风险管理综合要求。企业也应确保风险管理信息系统的稳定运行和安全,并根据实际需要不断进行改进、完善或更新。

企业应将风险管理信息系统的建设纳入整个企业的管理信息系统之中。对已建立的风险管理信息系统,企业应适时补充、调整、更新已有的管理流程和管理程序,建立更加完善的风险管理信息系统;尚未建立风险管理信息系统的企业,则应将风险管理与企业各项管理业务流程、管理软件统一规划,统一设计,统一实施,同步运行。

三、内部控制系统

内部控制系统是指企业围绕风险管理策略目标,针对企业战略、规划、产品研发、投资与融资、市场营销、会计、内部审计、法律事务、人力资源、采购、加工制造、销售、物流、质量、安全生产、环境保护等各项重要业务及其管理,通过执行风险管理基本流程,制定并执行的规章制度、程序和措施。

2008年5月22日,财政部、证监会、审计署、银监会、保监会联合发布《企业内部控制基本规范》(财会〔2008〕7号文件)。《企业内部控制基本规范》规定了内部控制的目标、要素、原则和总体要求,是内部控制的总体框架,在内部控制标准体系中起统领作用。该规范要求企业建立内部控制体系时应满足以下要求。

(1)合理保证企业经营管理合法合规、资产安全、财务报告及相关信息真实完整。

(2)提高经营效率和效果。

(3)促进企业实现发展战略。

该规范借鉴美国反虚假财务报告委员会(The Committee of Sponsoring Organizations of the Treadway Commission,COSO)内部控制整合报告,并结合中国国情,要求企业所建立与实施的内部控制应当包括五大要素:内部环境、风险评估、控制活动、信息与沟通、内部监督。针对控制活动的基本要求是:企业应当结合风险评估结果,通过手工控制与自动控制、预防性控制与发现性控制相结合的方法,运用相应的控制措施,将风险控制在可承受度之内。控制措施一般包括不相容职务分离控制、授权审批控制、会计系统控制、财产保护控制、预算控制、运营分析控制和绩效考评控制等。

《企业内部控制应用指引》指引企业按照内部控制原则和内部控制"五要素"建立健全本企业内部控制,在配套指引乃至整个内部控制规范体系中占据主体地位。《企业内部控制应用指引》针对组织结构、发展战略、人力资源、社会责任、企业文化、资金活动、采购业务、资产管理、销售业务、研究与开发、工程项目、担保业务、业务外包、财务报告、全面预算、合同管理、内部信息传递、信息系统18项企业主要业务的内控领域或内控手段,提出了建议性的应用指引,为企业以及外部审核人建立与评价内控体系提供了参照性标准。

《企业内部控制评价指引》和《企业内部控制审计指引》是对企业按照内部控制原则和内部控制"五要素"建立健全本企业"事后控制"的指引,是对企业贯彻《企业内部控制基本规范》和《企业内部控制应用指引》效果的评价与检验。

四、风险管理策略

风险管理策略指企业根据自身条件和外部环境,围绕企业发展战略,确定风险偏好、风险承受度、风险管理有效性标准,选择风险承担、风险规避、风险转移、风险转换、风险对冲、风险补偿、风险控制等适合的风险管理工具的总体策略,并确定风险管理所需人力和财力资源的配置原则。可见,风险管理策略的组成部分有:①风险偏好和风险承受度,即公司要承担什么风险、承担多少风险;②全面风险管理的有效性标准,即怎样衡量风险管理工作的成效;③风险管理的工具选择,即怎样管理重大风险;④全面风险管理的资源配置,即如何安排人力、财力、物资、外部资源等风险管理资源。

风险管理策略的总体定位如下:

(1)风险管理策略是根据企业经营战略制定的全面风险管理的总体策略。

(2)风险管理策略在整个风险管理体系中起着统领全局的作用。

(3)风险管理策略在企业战略管理中起着承上启下的作用,制定与企业战略保持一致的风险管理策略,能降低企业战略错误的可能性。风险管理策略受控于企业战略,风险管理策略服务于企业战略,风险管理策略影响战略计划、战略举措、战略执行、支持体系。

风险管理策略的总体定位决定了风险管理策略的作用:①为企业的总体战略服务,保证企业经营目标的实现;②连接企业的整体经营战略和运营活动;③指导企业的一切风险管理活动;④分解为各领域的风险管理指导方针。

一般情况下,对于战略、财务、运营和法律风险,企业可采取风险承担、风险规避、风险转换、风险控制等方法;对于能够通过保险、期货、对冲等金融手段进行理财的风险,企业可以采用风险转移、风险对冲、风险补偿等方法。

企业应根据不同业务特点统一确定风险偏好和风险承受度,即企业愿意承担哪些风险,明确风险的最低限度和不能超过的最高限度,并据此确定风险的预警线及相应采取的对策。企业在确定风险偏好和风险承受度时,要正确认识和把握风险与收益的权衡,防止和纠正忽视风险,片面追求收益而不讲条件、范围,认为风险越大、收益越高的观念和做法;同时,也要防止单纯为规避风险而放弃发展机遇。

企业应根据风险与收益相权衡的原则以及各风险在风险坐标图上的位置,进一步确定风险管理的优选顺序,明确风险管理成本的资金预算和控制风险的组织体系、人力资源、应对措施等总体安排。

企业应定期总结和分析已制定的风险管理策略的有效性和合理性,结合实际不断修订和完善。其中,企业应重点检查依据风险偏好、风险承受度和风险控制预警线实施的结果是否有效,并提出定性或定量的有效性标准。

五、风险管理措施

风险管理措施是贯彻落实风险管理策略的手段与方法,前述风险管理的方法的选择与运用,即构成风险管理措施。在此着重介绍风险理财。

风险理财是用金融手段管理风险,即财务型风险转移。例如:公司为了转移自然灾害可能造成的损失而购买巨灾保险;公司在对外贸易中产生了大量的外币远期支付或应收账款,为了对冲利率变化可能造成的损失,公司使用外币套期保值,以降低汇率波动的风险;公司为了应对原材料价格的波动风险,在金融市场上运用期货进行套期保值;公司为了应对可能的突发事件造成的资本需求,与银行签订应急资本合同。

过去,风险理财被认为是财务管理一部分,但是现在其超出了财务管理的范围,具体表现如下:

(1)风险理财注重风险因素对现金流的影响。

(2)风险理财影响企业资本结构,注意以最低成本获得现金流。

(3)风险理财成为企业战略的有机部分,其风险经营的结果直接影响企业整体价值的提升。

风险理财对机会的利用是整个经营战略的有机组成部分和战略举措。企业选择风险理财策略的基本原则与要求是:①与企业整体风险管理策略一致;②与企业所面对风险的性质相匹配;③风险理财工具有多种,如准备金、保险、应急资本、期货、期权、互换等,选择恰当风险理财工具的要求为合规、熟悉、可操作、有把握等;④成本与收入权衡,运用风险理财的相关收入应该超过其相关成本,否则不值当。

企业运用衍生金融工具可能出于三种不同的目的:套利、投机、套期保值。套利与投机不应成为运用衍生金融工具进行风险管理的目的,因为套利的机会很少,而且转瞬即逝,投机还会增加风险(虽然增加的可能是企业愿意承担的风险)。套期保值是指企业为了配合现货市场的买入(或卖出)行为,冲抵现货市场价格波动的风险,而通过期货(或期权)市场从事反向交易活动,即卖出(或买入)相应的期货(或期权)合约的行为。所以,套期保值可以对冲风险,应该成为企业运用衍生金融工具进行风险管理的主要目的。[1]

---

[1] 康翻莲,张兰花.衍生金融工具在我国企业中的应用[M].北京:知识产权出版社,2013.

在运用衍生金融工具进行风险管理时,企业尤其要注意对衍生金融工具本身的风险进行风险管理,切不可忽视,更不可放任。企业运用衍生产品进行风险管理需满足以下条件。

(1)要满足合规性要求。

(2)要与公司的业务和发展战略保持一致。

(3)要建立完善的内部控制措施,包括授权、计划、报告、监督、决策等流程和规范。

(4)要采用能够准确反映风险状况的风险计量方法,明确头寸、损失、风险限额。

(5)要制定完善的信息沟通机制,保证头寸、损失、风险敞口的报告及时可靠。

(6)要配备合格的专业操作人员。

第六章 短期经营决策

第一节 短期经营决策概述

一、短期经营决策的概念

所谓决策,就是为了实现一定的预期目标,在两个或者两个以上的备选方案中选择一个最优方案的过程。

短期经营决策是指决策行为所影响的期限不超过一年(或者一个营业周期)的决策。

与长期投资决策相比,短期经营决策具有两个明显的特点:一是影响期短,通常不超过一年,因而可以不考虑资金的时间价值和风险价值;二是不(或很少)投入新的资源,仅仅是现有资源如何利用的问题,因此不需要考虑资本成本、投资报酬和投资回收等问题。例如,一块菜地是种白菜还是种萝卜。这项决策影响期短,因为蔬菜的生长期只有几个月,也不需要增加固定资产等长期投资,所以这项决策属于短期经营决策。如果需要决策的问题是这块菜地是种菜还是盖房,情况就不同了。盖房对企业未来的影响期长,同时也需要较多的长期投资,所以这种决策就属于长期投资决策。

二、短期经营决策的内容

短期经营决策的目的是通过对企业提出的短期投资方案的效益进行核算,对各方案进行评价和对比分析,以做出最优决策,寻求企业的经营活动的效益最大化。

(一)短期经营决策的对象

财务会计的对象是指过去已经发生的用货币表现的经济活动,短期经营决策会计的对象则是未来可行的、可供选择的各种经营活动,其客体具体表现为各种备选方案。财务会计的目的是反映和评价企业的总体财务状况及其成果,以向投资者报告企业的受托经营责任的履行情况,并为外界了解企业的经营能力提供信息。短期经营决策会计的目的则是反映和评价各备选方案的相关收支状况及其效益,以帮助企业做出科学决策。

(二)短期经营决策的信息质量要求

财务会计的信息质量要求主要有可靠性、相关性、配比性、清晰性、可比性、实质重于形式、重要性、谨慎性和及时性等。决策会计的信息质量要求则主要为预见性、相关性和容错性等。

决策会计和财务会计一样,都要求具有相关性,但这种相关性的含义是不同的。财务会计的相关性是指和外部投资者决策相关,而决策会计的相关性是指与对企业经营管理中的有关备选方案的决策相关(有用)。

财务会计要求其信息客观可靠,而决策会计则在要求其信息质量基本客观可靠的同时,应该允许有一定的误差,是谓容错性。

三、短期经营决策方案的类型

财务会计核算的客体是整个企业,而短期经营决策的客体(即其内容的对象化)是各种备选方案。方案的性质不同,决策的方法也会不一样。短期经营决策方案有以下几种类型。

(1)按决策影响期的长短来分,可分为短期经营决策和长期投资决策。短期经营决策主要是面对如何利用现有资源的问题,所以也叫经营决策。长期投资决策的目的是扩大企业的经营能力,需要投入大量的资金,所以也叫投资决策。短期经营决策的影响期一般不超过一年,对企业的影响通常比较小,影响因素也比较简单,一般仅仅影响企业的收入和成本。长期投资决策的影响期则是几年甚至更长,对企业的影响重大,影响因素也比较复杂。

(2)按决策的可确定程度来分,可分为确定型决策、不确定型决策(含完全不确定型决策和风险型决策)。确定型决策是指影响决策的因素或自然状态是明确肯定的,并且可以用具体的数字表示出来,每个决策方案的预测结果也是确定的,只要比较不同方案的不同结果,就可从中做出选择。完全不确定型决策是指影响决策的因素或自然状态存在两种以上,未来出现什么情况不仅不能完全肯定,而且决策的可能结果出现的概率也不确定。风险型决策与完全不确定型决策类同,只是对未来出现的情况可以大致估计出其概率,其决策结果受概率的影响,故具有一定的风险性。

(3)按决策范围的大小来分,可分为战略决策和战术决策。战略决策指直接关系到组织的生存和发展,涉及组织全局的长远性的、方向性的决策。战略决策所需解决的问题比较复杂,环境变动较大,并不过分依赖数学模式和技术,定性、定量并重,对决策者的洞察力和判断力要求高。战术决策又称管理决策,是企业贯彻企业战略的决策,是属于战略决策过程的具体决策,不直接决定企业命运,但会影响企业目标的实现和工作质量的高低。

(4)按照决策所涉及的备选方案的数量特征,可将决策方案划分为单一方案和多方案。单一方案决策是指只有一个备选方案的决策,其要解决的问题是在"采用"和"放弃"之间进行选择。严格来说,单一方案实际上仍可以被看成两个方案,即"采用"方案和"放弃"方案。单一方案决策实际上是一种特殊和比较简单的决策,可以不进行对比分析,只要确定该方案能否为企业创造价值就可以了。实际上,单一方案是比较少的,因为通常备选方案都不止一个。多方案决策是指有多个备选方案的决策。其要解决的问题是"选 A"还是"选 B"。多方案决策必须进行对比分析,决策的目标是企业价值的最大化。依据方案之间的关系,多方案决策可以分为互斥方案、排队方案和组合方案。互斥方案是指决策过程中同一项决策任务所涉及的所有备选方案之间存在着相互排斥的关系。采纳方案组中的某一方案,必然排斥这组方案中的其他方案。因此,进行互斥方案的决策,要求决策者必须从所有的备选方案中选出唯一的最优方案。排队方案是指决策过程中同一项决策任务所涉及的所有备选方案之间存在着你先我后的次序关系。因此,进行排队方案的决策,要求决策者将所有的备选方案排出优劣顺序。组合方案是指决策过程中同一项决策任务所涉及的所有备选方案之间存在着不同的组合搭配情况。因此,进行组合方案的决策,要求决策者从所有的备选方案之间的各种组合中,选出最优的方案组合,或根据决策任务的不同约束条件,分别选择不同的最优组合。

(5)依据决策所在的经营领域,可以分为业务决策和财务决策。业务决策包括销售决策、生产决策、采购决策、后勤服务决策和库存决策等。财务决策包括筹资决策、投资决策等。

(6)按照决策所在的管理层次,可以分为高层决策、中层决策和基层决策。高层决策(企业一级)主要解决企业全局性的以及同外部环境有密切联系的战略性重大问题。中层决策(部门、车间一级)主要解决人、财、物等资源的准备、组织、计划、控制等问题,又称为管理性决策。基层决策(工段、班组一级)主要解决日常作业任务中的业务问题,又称为技术性的业务决策。

(7)按决策的程序特征来分,可以分为程序化决策和非程序化决策。程序化决策又称为常见决策,是指可按一定的程序、处理方法和标准进行的决策。它所解决的问题是企业生产经营活动中经常重复出现的问题,而且影响决策的因素是有规律的。非程序化决策又称为非常规决策,是指不能按常规办法处理的一次性决策。它所解决的问题是偶发性的问题,无先例可循,随机性和偶然性大。随着决策经验的不断丰富以及决策方法的日益成熟,非程序化决策通常都会转化为程序化决策。但在企业的经营实践中,总是会出现各种新情况、新问题,关于这些新情况、新问题的决策,一开始总是属于非程序化决策。

(8)按照决策所在的经营环节来分,可以分为经营什么的决策和如何经营的决策。①经营什么。例如,新产品是否应该开发及如何开发,亏损产品是否应该停产,半成品是否深加工,是否接受特殊价格追加订货,在资源约束条件下不同产品如何组合等。②如何经营。例如,增产何种产品,零配件是自制还是外购的决策,选择何种生产工艺技术,一项追加任务交给哪个分厂独立完成,如何确定最优批量,如何制定合理的价格等。

四、短期经营决策的要素

财务会计的要素有资产、负债、所有者权益、收入、费用和利润。短期经营决策会计考虑的是如何利用现有资源,不涉及筹资、投资等问题,也不涉及企业的产权,因而只需要考虑收入、成本和利润要素就可以了。另外,短期经营决策会计的对象是各备选方案,其会计要素都是按方案归集和计算的,也就是只核算与特定方案相关的内容,即相关收入、相关成本和相关利润。

与相关收入、相关成本相对应的是无关收入、无关成本。无关收入和无关成本不属于短期经营决策要素,必须予以剔除,不予考虑。那么,如何判断一项收入或成本是决策相关的呢?可以根据如下标准来分析。

(1)现时性。如果方案的一项收入或成本已经发生,就是历史收入或历史成本,肯定与决策不相关。如果一项收入或成本尚未发生,就是一项可能的现时收入或现时成本。当然这种成本实际上在现时也不一定会发生,这取决于决策。如果放弃这个方案,这项收入或成本就不会发生;相反,如果选择这个方案,这项收入或成本就会发生。历史成本在过去已经发生,任何决策行为都不可改变,当然也不可能让其不发生,所以,历史成本也叫沉没成本,属于无关成本。但一项过去的支出有时也会影响现时的决策。例如,某个方案如果需要消耗过去购买的资源,则这一消耗是与决策相关的。但相关的不是其历史成本,而是其重置成本。

(2)专属性。如果在若干备选方案中,各方案都发生某一项同样的收入或成本,则为共同收入或共同成本,与决策无关,决策时不应考虑。如果某一项收入或成本为若干备选方案中某个方案所特有,则为相关收入或相关成本,与决策相关,决策时必须考虑。

(3)差量性。如果在若干备选方案中,各方案都发生某项相同的收入或成本,但金额存在差异,则为差量收入或差量成本,与决策相关,决策时必须考虑。如果金额完全相等,则为无关成本。

(4)可避免性。当无法直接判断某项收入或成本是否与决策相关时,可通过检验其可避免性来进行分析。可以设想在放弃某方案的情况下,如果某种收入或成本也相应地不再发生,就可以确定其为可避免项目,与决策相关,在决策时必须考虑;如果这种收入或成本仍然发生,就可以确定其为不可避免项目,与决策无关,在决策时不予考虑。

短期经营决策的要素有两个:相关收入和相关成本。

(一)相关收入

相关收入是指与特定决策方案相联系的,能对决策产生重大影响的,在短期经营决策中必须予以充分考虑的收入。判断某项收入是否属于方案的相关收入,关键是看收入的产生和方案的实施是否具有直接的必然关系,若方案实施,则收入发生,否则收入不发生,则该收入属于方案的相关收入。

与相关收入相对立的概念是无关收入。所谓无关收入,是指无论方案实施与否,均会产生的收入。显然在进行方案决策时,只要考虑相关收入,无须考虑无关收入。

(二)相关成本(方案专属成本)

与相关收入类似,相关成本是指与特定决策方案相联系的,能对决策产生重大影响的,在短期经营决策中必须予以充分考虑的成本。判断某项成本是否属于方案的相关成本,关键看成本的发生和方案的实施是否具有直接的必然关系,若方案实施,则成本发生,否则成本不发生,则该成本属于方案的相关成本。

短期经营决策中的相关成本概念表现为多种形式,如机会成本、重置成本、专属成本、差量成本、增量成本和边际成本等。

1.机会成本

机会成本指在决策中,假定选择某一个方案,必须相应放弃另一个方案,由此丧失另一个方案的收益而造成的损失。机会成本存在的条件包括:①有多种选择;②只能选择一个方案。如果不同时具备这两个条件,机会成本就不存在。机会成本是普遍存在的。机会成本一般在"是否"型决策中使用。

2. 重置成本

重置成本是指按照当前市场条件,重新获得某项现有资产所需支付的成本。在决策时,对所消耗的资源一律以重置成本计量,而不考虑其历史成本。

3. 专属成本

专属成本指明确归属于某一特定决策方案的固定成本或混合成本。狭义的专属成本指实施某方案时,由于需要弥补生产能力不足而需要支付的成本,如租设备的租金成本。广义的专属成本就是指专属于某方案的全部相关成本。

4. 可避免成本

可避免成本是指如果放弃某方案,则相应地也不会发生的成本。如果选择某方案,则这种成本就必然会发生。相反,如果无论放弃还是选择某方案,某项成本都会发生,则这种成本就是不可避免成本,属于无关成本。广义地说,特定方案的全部相关成本都是可避免成本。

5. 差量成本

与上述相关成本不同,差量成本不是某个方案的相关成本,而是两个备选方案相关成本之差。在使用差量分析法时,就需要通过计算差量成本来进行决策。在两个备选方案中,如果有一个相同的成本项目,且其金额也相等,差量为0,则此成本为无关成本,因为其对决策没有影响。如果这一成本项目的金额不相等,差量不为0,则此成本为相关成本,必须考虑其对决策的影响。

6. 增量成本

增量成本特指由于增加业务量而导致的成本增量,即某一决策方案由于生产能力利用程度的不同而表现在成本方面的差额。

增量成本是一种差量成本。对于是否增加业务量的决策,在一定的相关范围之内,增量成本实际上就是增加的变动成本;如果突破了相关范围,则增量成本不仅包括变动成本的增量,也包括固定成本的增量。

7. 边际成本

边际成本指的是当业务量无限小变动时所造成的总成本差额与业务量变动额之比的极限值,即总成本函数的一阶导数。

$$MC = \lim_{\Delta x \to 0} \frac{f(x+\Delta x) - f(x)}{\Delta x}$$

式中,x 为业务量,MC 为边际成本。

边际成本实质上也是一种差量成本,同时也是一种由业务量无限小变动时所产生的增量成本。

在实际工作中,业务量无限小变化是相对的,只能小到一个经济单位(如一个单位的产量或销量),再小就失去了经济含义。因此,在管理会计中,边际成本通常是指业务量以一个最小经济单位变动所引起的增量成本。

并不能说相关成本可分成上述七种,在实务中,发生的某种相关成本可能同时符合上述几个特征。例如,边际成本同时也是增量成本、差量成本;机会成本同时也是专属成本、可避免成本。而上述所有的成本又都是相关成本。

与相关成本相对立的是与决策无关的无关成本,也就是对决策不产生影响的成本。无关成本包括沉没成本、共同成本和不可避免成本等。

沉没成本是指由过去决策结果引起并已经实际发生的成本。这种成本不具有现时性,无论决策如何,该成本都已经无法改变,因而也不具有决策相关性,所以是无关成本。例如,在进行固定资产是否需要更新的决策中,旧设备原来的购置成本就是沉没成本。

共同成本是一个与专属成本相对立的概念,它是指在多个备选方案中都同样发生的成本,由于其发生与特定方案的选择无关,因此在决策中无须考虑。

不可避免成本与可避免成本相对立,指在短期经营决策中,无论怎样决策都总会发生的、无法避免的成本。

至于共同成本、不可延缓成本和不可避免成本,由于其与特定的方案无关,也不具有决策相关性,所以也是无关成本。

五、短期经营决策分析的基本程序

短期经营决策分析的程序一般包括以下五个环节。

(1)确定目标。企业经营决策的目标就是创造价值,价值的大小取决于收益和风险,增加收益和降低风险是提高价值的途径。短期经营决策通常风险不大,因而主要考虑收益。

(2)寻找机会,提出并确定备选方案,排除明显不可行的方案。

(3)预测和收集各备选方案的收入和成本,把成本和收益分为相关及不相关两类,排除不相关成本与收益。

(4)选择恰当的方法进行决策分析,选择相关收益最高的备选方案作为最优方案。

(5)实施选取的方案并进行反馈和调整。

第二节 短期经营决策的方法

决策就是择优,就是比较哪一个方案的效益最好,所运用的基本方法就是比较。但决策面对的问题不同,决策所运用的具体方法也有所不同。一般有差量分析法、相关分析法、边际贡献法、成本无差别点法、利润无差别点法、边际分析法和概率分析法等。

一、差量分析法

两个方案的收入之差叫作差量收入,两个方案的成本之差叫作差量成本,差量收入和差量成本之差叫作差量利润。差量分析法是指对两个互斥方案进行决策时,以差量利润作为评价方案取舍标准的一种方法。

差量分析法一般需要编制差量分析表进行决策。

如果能够对两个方案的相关收入、相关成本以及相关收入和相关成本中的各个具体项目进行全面的差量分析，就可运用差量分析法。差量分析法是最常用的短期经营决策方法。

二、相关分析法

用某方案的相关收入减去其相关成本，即为某方案的相关利润。相关分析法是指在进行若干个互斥方案决策时，以相关利润最大者作为最优方案的一种决策方法。相关分析法一般需要编制相关利润分析表进行决策。

与差量分析法只能用于两个方案的决策不同，相关分析法能够对两个以上的多个方案进行决策，不需要对相关收入和相关成本进行差量分析，只进行相关利润的比较即可。

在只有两个方案的条件下，可以把差量分析法和相关分析法结合起来，通过编制差量分析和相关分析综合表来进行决策。

运用差量分析和相关分析综合表，既可以比较各数值的大小，又可以了解相关数值的差量，可以为决策提供比较详细的有用信息。

三、贡献毛益法（边际贡献法）

用某方案的相关收入减去其相关变动成本后得到的值即某方案的相关贡献毛益。

在短期经营决策中，一般不涉及生产能力的改变，不同方案的固定成本没有差别，因而只要对产品所创造的边际贡献进行比较分析，就可以决定方案的优劣，这种方法称为边际贡献法。边际贡献法具体又可分为单位资源边际贡献法和边际贡献总额分析法。

有关边际贡献的概念有四个：单位产品边际贡献、单位工时边际贡献、边际贡献率和边际贡献总额。这些指标中，单位产品边际贡献和边际贡献率不能用于决策，边际贡献总额可以用来作为决策依据。下面介绍单位工时边际贡献法,这是一种简化的边际贡献分析法。

单位工时所创造的边际贡献最大的方案,也是边际贡献总额最大的方案,因而也是最优的方案。以单位工时所创造的边际贡献为标准来进行决策的方法,叫单位工时边际贡献法。单位工时边际贡献的计算公式为:

$$单位工时贡献毛益 = \frac{单位贡献毛益}{单位产品工时消耗定额}$$

需要说明的是,如果企业受到某项资源(如某种原材料、某种机器的机时)的约束,就应该以这种资源的单位资源所创造的边际贡献为标准来进行决策。单位资源所创造边际贡献的计算公式为:

$$单位资源所创造的贡献毛益 = \frac{单位贡献毛益}{单位产品资源消耗定额}$$

上述公式中的资源,是指企业由于稀缺而受到约束的原材料、机时(使用计算机或其他机器、仪器的时间,通常以小时为计时单位)等。

需要注意的是,使用以上两种边际贡献法时,相关成本中只能有变动成本,固定成本必须不相关,不能有变动成本以外的其他专属成本(如机会成本等)存在,否则就不能用这种方法。

四、平衡法(无差别点法)

上面介绍的方法,都是在相关因素已确定的情况下,方案优劣的确定。有的方案虽然业务量未确定,但不影响决策的结果。但在有的情况下,方案的优劣取决于业务量的大小,这时就要寻找不同方案优劣发生转换的临界点,即平衡点。在平衡点上,两个方案是等效的,即相关利润相同,差量利润为 0。这一临界状态也叫利润无差别点。

如果两个方案都不涉及收入,或收入均不相关,就只需要考虑成本,这时的临界状态就称为成本平衡点或成本无差别点。

(一)成本无差别点法

成本无差别点是指能使两个方案总成本相等的业务量,也称为成本分界点和成本平衡点。

设方案 1 和方案 2 的成本分别为：$b_1 x + a_1$ 和 $b_2 x + a_2$，成本无差别点即

$$b_1 x + a_1 = b_2 x + a_2$$

可得

$$x_0 = \frac{a_1 - a_2}{b_2 - b_1}$$

式中，x_0 为成本无差别点的业务量。

根据实际业务量与成本无差别点之间的大小关系，可以进行决策：当实际业务量小于成本无差别点的业务量，则固定成本较低的方案较优；当实际业务量大于成本无差别点的业务量，则固定成本较高的方案较优；当实际业务量等于成本无差别点的业务量，则两个方案等效。

(二)利润无差别点法

设方案 1 和方案 2 的相关利润分别为：$p_1 - b_1 x - a_1$ 和 $p_2 - b_2 x - a_2$，利润无差别点即

$$p_1 x - b_1 x - a_1 = p_2 x - b_2 x - a_2$$

可得

$$x = \frac{a_1 - a_2}{(p_1 - p_2) - (b_1 - b_2)}$$

若设方案 1 的相关利润为：$p - bx - a$，方案 2 的相关利润为 P_0，可得

$$x = \frac{a + P_0}{p - b}$$

根据以上公式计算出来的 x 的值即为利润无差别点，即在业务量正好等于 x_0 时，两个方案的利润相等。

例如，在调价决策中，就是利用调价后可望实现的销量与利润无差别点销量之间的关系，通过利润无差别点法来判断是否应该调价。当调价后可望实现的销售量大于利润无差别点销售量，则应当调价；当调价后可望实现的销售量小于利润无差别点销售量，则不能调价；当调价后可望实现的销售量等于利润无差别点销售量，则调价与不调价的利润无差别。

五、边际分析法

边际分析法是经济学的基本研究方法之一,也是重要的决策方法。边际分析法一般用于资源配置的最优化决策。

设目标函数的数学模型为 $y=f_1(x)$,根据边际平衡原理,对其求一阶导数,并令其为 0,即

$$y'=f'_1(x)=0$$

所求得的 x 即为最优业务量。

六、概率分析法和不确定条件下的决策方法

在不确定条件下,如果已知概率,决策可用概率分析法,即通过计算相关收入和相关成本的数学期望值来进行决策。如果不知道概率,可用大中取大法、小中取大法和大中取小法等。

所谓大中取大法,就是先在各备选方案的多种可能收益中找出最大的收益值,然后再从各最大收益值中再找出最大的值,这个值所在的方案即为最优方案。

所谓小中取大法,就是先在各备选方案的多种可能收益中找出最小的收益值,然后再从各最小收益值中再找出最大的值,这个值所在的方案即为最优方案。

所谓大中取小法,也叫后悔值法或遗憾法。决策者制定决策之后,若情况未能符合理想,必将产生一种后悔的感觉。后悔值决策法要求决策者在选择决策方案时所产生的后悔感最小。后悔感的大小是以后悔值指标来反映的,后悔值是指每种自然状态下最高收益值与本方案收益值之差。

大中取大法属于乐观法,小中取大法和大中取小法属于悲观法。

短期经营决策的方法是开放的,不限于以上方法。只要能够有效地决策,各种学科的方法都可以采用等。

第七章　长期投资决策

第一节　长期投资决策概述

一、长期投资决策的概念

长期投资,是指为了获得未来的长期收益或提高企业的长期经营能力而做出的资金投放行为。

长期投资包括固定资产的新建、扩建、改建,以及对原有固定资产的更新改造等对内投资,也包括对外直接投资和购买债券、股票等有价证券的证券投资等。本章所介绍的长期投资只包括对内投资。

资金的投放不一定形成投资。如果资金被消耗,属于消费;如果用于生活消耗,则为生活费用;如果用于经营消耗,则为经营费用。如果资金没有被消耗而形成资产(权利),则是投资。如果只是形成临时性短期资产,则为短期投资;如果形成长期资产或者能够稳定提高经营能力,则为长期投资。

长期投资决策就是关于长期投资方案的评价和选择,也称资本支出决策、资本预算决策。

长期投资决策的目的是通过对企业提出的长期投资方案进行全面系统的核算与分析,做出科学的投资决策,以提高企业的长期经营能力和企业价值。

二、长期投资决策的程序

(1)设计投资项目。相关部门提议,由各部门专家组成专家小组提出方案并进行可行性研究。

(2)估算出投资方案的预期现金流量。

(3)预计未来现金流量的风险,并确定预期现金流量的概率分布和期望值。

(4)确定必要报酬率水平,以此作为投资决策方案的取舍标准和对现金流量进行贴现的贴现率。

(5)通过计算项目投资决策评价指标,做出投资方案是否可行的决策。

三、长期投资决策的类型

财务会计的对象是用货币表现的资金运动,或经济活动,其客体是各项财务权利(资产)和财务责任(负债和保护所有者的权益);长期投资决策会计的对象是企业的长期投资决策活动,其客体是各种决策方案。

(1)按投资方案的经济内容来分,可分为固定资产增置与更新的决策(包括固定资产的购置、改建、扩建、更新改造、修理、自制或租赁等方面的决策)、产品开发决策(包括对现有产品的改造和发展新产品的决策)、资源的开发和利用决策、技术引进决策。

(2)按投资方案之间的关系,可分为采纳与否决策、互斥选择决策、投资分配决策。采纳与否决策是指对提出的投资方案表示肯定或否定,决定采纳还是拒绝的决策。它是决定是否投资于某一特定项目的基本决策。互斥选择决策是指在两个或两个以上的待选项目中选择一个方案的决策。投资分配决策是指当企业有很多投资机会而资金有限时,如何有效分配投资的决策,也叫资金定量决策。

(3)按决策的可靠程度分类,可分为确定型投资决策、风险型投资决策、非确定型投资决策。确定型投资决策是指一些与决策有关的因素的未来状况是确定的,并可用一定方法计算出方案的经济效益指标作为评价方案优劣的依据。风险型投资决策是指与决策方案相关的条件虽然是已知的但不能肯定,即有几种可能的状态和相应的结果,可以预测每种状态和后果出现的概率。非确定型投资决策是指与决策相关的因素的未来状况无法判断,甚至连可能出现何种状态和后果都不知道。

(4)按影响范围的大小,可分为战略性投资决策和战术性投资决策。

(5)按涉及的内容,可分为固定资产投资决策和流动资产投资决策。

(6)按投资与企业原有的生产经营能力的关系,可分为发展性投资决策和重置性投资决策。

四、长期投资决策的要素

财务会计的要素是财务会计内容中的各个项目,即资产、负债、所有者权益等。长期投资决策会计与财务会计不同。长期投资决策会计的要素有现金流量、货币的时间价值、投资的风险价值和必要报酬率。

(一)现金流量

在长期投资决策中,现金流量是指一个投资项目引起的企业现金流入量与流出量的总称。现金流量可按以下标准分类。

(1)按发生的时间,可分为投资期现金流量、营业期现金流量和终结期现金流量。

(2)按现金流动的方向,可分为现金流入量、现金流出量和现金净流量。

在实际的投资决策中,需要测算和计算各年的现金流量,还要计算现金流量合计数并编制现金流量表。

需要注意的是,在财务会计中,也要编制现金流量表,其时间范围为一年,其空间范围为整个企业。与财务会计不同的是,在长期投资决策中,现金流量应反映某投资项目整个寿命周期中每一年的现金流量,而不是只反映某一年的现金流量;其空间范围不是整个企业,而是某个特定投资方案的相关现金流量。

(二)货币的时间价值

投资过程同时也是一个企业价值变动的过程。所谓货币的时间价值,是指货币随着时间的推移而发生的增值。

资金在周转过程中会随着时间的推移而发生增值,使资金在投入、收回的不同时间点上价值不同,形成价值差额。这就是货币的时间价值。财务会计由于侧重可验证性而以历史成本计量,往往不考虑时间价值;但管理会计必须充分考虑时间价值这一客观存在的现象。

(三)投资的风险价值

投资的风险价值是指投资项目由于存在风险而必须获得的额外补偿(报酬)。风险是指损失发生的可能性,风险越大,投资方案的价值越低。投资方案通常都存在一定的风险,这种存在风险的投资项目若要有可选性,就必须有较高的超出一般的额外报酬。这种由于冒风险而必须获得的超出一般的额外报酬,就是投资的风险价值。风险价值是长期投资决策必须考虑的一个要素。风险报酬有两种表达方式:一是绝对数,即风险报酬额;二是相对数,即风险报酬率,是指取得风险报酬额占原投资额的百分比。在长期投资决策中,风险价值一般用风险报酬率表示。

(四)必要报酬率

资金具有时间价值,也就是说,投资中投入的资本具有"自然"的增值性,因此,若某投资项目获得的报酬低于时间价值,还不如不投资这个项目。所以,获得相当于资金时间价值的投资报酬,是投资有效性的必要条件。另外,投资项目通常都具有一定的风险,如果不能获得高于时间价值的报酬,冒险就是不值得的。所以,一个投资项目有效性的最低要求就是除了获得时间价值以外,还必须获得与风险大小相匹配的必要的风险价值。时间价值和必要的风险价值之和被称为必要报酬率。若投资项目的实际报酬率大于必要报酬率,方案可行;否则,方案不可行。可见,必要报酬率也是长期投资决策必须考虑的一个要素。

五、长期投资决策会计的特征

(一)与财务会计相比

(1)财务会计建立在企业主体假设的基础上,对企业的全部经济活动进行计量和报告,包括资产、负债、所有者权益等全部内容。长期投资决策会计则以特定的投资方案为对象,对投资活动进行价值分析和价值评价。二者都要反映企业的资源状况,但财务会计核算的是各种资产的变化,而长期投资决策会计核算的仅仅是特定方案中投入的资源及其收回的情况。负债是财务会计核算的重要内容,而长期投资决策会计不核算负债,因为负债多发生在筹资领域而非投资领域。财务会计要核算企业所有者权益,而长期投资决策会计核算的是投资效益。

(2)财务会计建立在持续经营假设的基础上,因而没有企业经营期限和经营寿命的考虑,也不存在终结期;而长期投资决策都有寿命周期的问题。

(3)财务会计建立在分期假设的基础上,收入和费用的确认和计量都是以当期为标准,因而一般不考虑资金的时间价值;而对于长期投资决策会计,资金的时间价值是一个必须考虑的因素。

(4)财务会计以收益为目标,不考虑风险,对风险的分析由报表使用者或其他学科进行;而长期投资决策会计既要考虑收益,也要考虑风险,以完整地反映投资的价值。

(5)界定和明晰产权是财务会计的主要任务,因而财务会计必须以权责发生制为基础,而不能以现金为基础;而长期投资决策会计无须进行产权的界定和明晰,其关注的是"做蛋糕",而不是"分蛋糕",以现金为基础。

(6)财务会计的任务仅仅是对经济活动进行反映,即科学地确认、计量和汇总,通常不进行分析,因而只使用借贷记账法;而长期投资决策会计不仅要反映经济活动,还要进行决策,要计算相关指标,所以需要用到多种数学方法。

与短期经营决策只与收入和成本相关而不涉及资源不同,长期投资决策与财务会计都既要考虑收入成本要素,又要考虑资源要素。具体来说,财务会计要对资产进行计量,长期投资决策会计要计算投资的价值。

(二)与短期经营决策会计相比

长期投资决策会计与财务会计的区别主要在目标上,与短期经营决策会计的区别则主要在内容上。

(1)长期投资决策会计要核算流量和存量,而短期经营决策会计只核算流量。长期投资,特别是战略性扩大生产能力的投资,其需要的金额一般都较大,往往是企业多年的资金积累,在企业总资产中占到很大比重。因此,长期投资对企业未来的财务状况和现金流量影响巨大。这样,长期投资决策会计不仅要核算营业收入和营业成本(流量),也要核算资金(存量)的投入和收回;而短期经营决策会计只需核算流量,即核算相关收入和相关成本。

(2)长期投资周期较长,项目建成后对企业的经营能力和经济效益会产生长久的效应,长期投资决策会计不能忽略资金时间价值的影响;而短期经营决策由于几乎不受资金变动的影响,而且持续的时间也很短,因而短期经营决策会计不需要考虑资金的时间价值。

(3)长期投资决策不可逆,而短期经营决策易于调整。长期投资一般不会在短期内变现,即使由于种种原因想在短期内变现,其变现能力也较差。长期投资项目一旦建成,想要改变是很困难的,不是无法实现,就是代价太大。长期投资决策具有不易逆转性,如果投资正确,形成的优势可以在较长时期内保持;否则,就会使企业伤筋动骨,元气大伤。短期经营决策由于是利用现有资源,往往不需要投入新的资金而形成专用性的固定资产,因而易于调整,即使经营方案的选择有失误,也很容易调整。

(4)长期投资风险大。长期投资影响期长,投入资金多,面临的不确定因素很多,如原材料供应情况、市场供求关系、技术进步速度、行业竞争程度、通货膨胀水平等都会影响投资的效果,因而长期投资面临较高的投资风险。长期投资决策必须对风险保持高度关注,投资项目的风险越高,获得的超额报酬(即风险价值)也要越大,否则就是不合理的。而短期经营决策通常可以不考虑风险因素的影响。

长期投资决策的以上特点,决定了长期投资决策比短期经营决策更重要,也更复杂,需要高度重视和谨慎。短期经营决策通常只要考虑相关收入和相关成本就可以了,而长期投资决策影响因素更多,只考虑相关收入和相关成本是远远不够的。

第二节　长期投资决策的方法与指标

一、长期投资决策的方法

长期投资决策要考虑的因素尽管很多,但最主要的因素是现金流量。长期投资决策的方法尽管多种多样,但对现金流量的分析总是其基础。通常把长期投资决策方法分成以下两类。

(一)不考虑必要收益率的方法

这类方法比较简单,决策以全部现金净流量为基本依据。

$$全部现金净流量=\Sigma 各年的现金净流量$$

如果各年的现金净流量之和为正数,就说明投资项目能为企业带来现金净流入,方案就是可行的。当然,以各年的现金净流量为依据,我们还可以从不同的角度,设置不同的评价指标(如静态回收期)来反映投资方案的效果。这类方法比较简单,但忽略了投资所要求的必要收益率,这是其缺点。这类方法一般不能作为主体方法,但往往也是投资决策的重要依据。

(二)考虑必要收益率的方法

这类方法除了要考虑决策所依据的现金流量外,还要考虑投资所要求的必要收益率,把各期现金流量折算成现值。这种方法能够比较全面、科学地评价投资方案的效果。决策以全部现金净流量的现值为基本依据。

$$全部现金净流量的现值=\Sigma 各年的现金净流量的现值$$

各年的现金净流量的现值之和若为0,则说明投资项目获得的收益达到了必要收益的要求,不会导致企业价值的下降;若大于0,则说明投资项目获得的收益超过了必要收益的要求,能够为企业创造更多的价值。同样,以各年的现金净流量的现值之和为依据,我们也可以从不同的角度,设置不同的评价指标来反映投资方案的效果。这类方法是投资决策分析的主体方法。

长期投资决策的评价指标可以分成两大类：一是不考虑必要收益率的方法，称为静态评价指标法或非贴现指标法。静态评价指标不考虑资金时间价值，主要包括投资利润率、投资回收期等。二是考虑必要报酬率的方法，称为动态评价指标法或贴现指标法。动态评价指标考虑资金时间价值，主要包括净现值、净现值率、获利指数、内含报酬率等。

二、长期投资决策的指标

(一)投资利润率

投资利润率又称投资报酬率，是指投资方案的年平均利润额与投资总额的比率，记为 ROI。投资利润率的计算公式为：

$$投资利润率 = \frac{年平均利润额}{投资总额}$$

投资利润率的优点主要是计算简单，易于理解。其缺点有：①没有考虑资金时间价值；②没有直接利用现金净流量信息；③计算公式的分子是时期指标，分母是时点指标，缺乏可比性。基于这些缺点，投资利润率不宜作为投资决策的主要依据，一般只适用于方案的初选，或者投资后各项目间经济效益的比较。

(二)投资回收期

投资回收期是指以投资项目营业现金净流量抵偿原始总投资所需要的全部时间，通常以年来表示。简单地说，投资回收期就是当投资项目的逐年累计的现金流量之和正好等于 0 时的年数(n)，即设∑各年的现金流量＝0，求 n 的值。其计算可分为各年现金净流量相等和各年现金净流量不相等两种情况。

各年现金净流量相等时，

$$回收期 = \frac{投资金额}{年现金净流量}$$

若各年现金净流量不相等，则不能用上述公式。此时需要用"逐年累计法"，即逐年累计现金净流量。在开始时，逐年累计现金净流量为负数，随着年数的增加,达到 n 年时,逐年累计现金净流量由负数变为正数,这就说明,回收期就在第 n－1 和第 n 年之间。具体计算如下:

$$回收期 = n - 1 + \frac{到第 n-1 年为止尚未收回的投资}{第 n 年的现金净流量}$$

投资回收期的优点主要是简单易算,并且投资回收期的长短也是衡量项目风险的一种标志,所以在实践中被广泛使用。其缺点有:①没有考虑必要收益率,对回收期的测算偏于乐观;②仅考虑了回收期以前的现金流量,没有考虑回收期以后的现金流量,而有些长期投资项目在中后期才能得到较为丰厚的收益,投资回收期不能反映其整体的营利性。

反映投资回收效率的指标还有投资回收率。投资回收率为回收期的倒数,其公式为:

$$投资回收率 = \frac{年平均现金流量}{投资额} = \frac{1}{回收期}$$

(三)净现值

净现值是指在项目计算期内,以必要收益率作为贴现率计算的各年现金净流量的现值之和,记为 NPV。净现值的基本计算公式为:

$$净现值 = \Sigma 各年的现金净流量 \times 复利现值系数$$

从上式来看,净现值似乎为各年的现金净流量的"总现值"。实际上,由于各年的现金净流量的现值有正有负,其和也就是各年现金净流量现值的正负值相抵的结果。所以,称净现值是恰当的。显然,净现值也可表示为投资方案的现金流入量的总现值减去现金流出量的总现值的差额。若净现值大于 0,投资方案可行;小于 0,则投资方案不可行。

净现值是长期投资决策评价指标中最重要的指标之一。其优点在于:①充分考虑了货币时间价值,能较合理地反映投资项目的真正经济价值。②考虑了项目计算期的全部现金净流量,体现了流动性与收益性的统一;③考虑了投资风险性,贴现率选择应与风险大小有关,风险越大,贴现率就可选得越高。但是该指标的缺点也是明显的:①净现值是一个绝对值指标,无法直接反映投资项目的实际投资收益率水平;当各项目的投资额和寿命周期不同时,难以确定投资方案的好坏。②贴现率的选择比较困难,很难有一个非常客观的标准。

(四)净现值率

净现值率是指投资项目的净现值与原始总投资现值之和的比率。记为 NPVR,净现值率的基本计算公式为:

$$净现值率 = \frac{净现值}{原始总投资现值之和}$$

净现值率反映每元原始投资的现值未来可以获得的净现值有多少。净现值率大于或等于 0,投资方案可行;净现值率小于 0,投资方案不可行。净现值率可用于投资额不同的多个方案之间的比较,净现值率最高的投资方案应优先考虑。

净现值率是贴现的相对数评价指标,其优点在于可以从动态的角度反映投资方案的资金投入与净产出之间的关系,反映了投资的效率,使投资额不同的项目具有可比性。

(五)现值指数

现值指数又称获利指数,是指项目投产后按一定贴现率计算的经营期内各年现金净流量的现值之和与原始总投资现值之和的比率,记为 PI。其计算公式为:

$$现值指数 = \frac{经营期各年现金净流量现值之和}{原始总投资现值之和}$$

现值指数反映每元原始投资的现值未来可以获得报酬的现值有多少。现值指数大于或等于 1,投资方案可行;现值指数小于 1,投资方案不可行。现值指数可用于投资额不同的多个相互独立方案之间的比较,现值指数最高的投资方案应优先考虑。

现值指数同样是贴现的相对数评价指标,可以从动态的角度反映投资方案的资金投入与总产出之间的关系,同样反映了投资的效率,能使投资额不同的项目具有可比性。

(六)内含报酬率

内含报酬率又称内部收益率,是指投资方案在项目计算期内各年现金净流量现值之和等于 0 时的贴现率,或者说能使投资方案净现值为 0

时的贴现率,记为 IRR。也就是说,内含报酬率应满足:

$$\sum 各年的现金净流量 \times (1+i)^{-n} = 0$$

式中,i 为内含报酬率;n 为当投资项目的逐年累计的现金流量之和正好等于 0 时的年数。

计算内含报酬率实际上就是一个高次方程求根的问题。高次方程一般不能直接把根解出,只能采用测试法,经过反复调整贴现率逐渐逼近。通常计算步骤如下:

(1)估计一个贴现率,用它来计算净现值。如果净现值为正数,说明方案的实际内含报酬率大于预计的贴现率,应提高贴现率再进一步测试;如果净现值为负数,说明方案本身的报酬率小于估计的贴现率,应降低贴现率再进行测算。如此反复测试,寻找出能使净现值由正到负或由负到正且接近零的两个贴现率。

(2)根据上述相邻的两个贴现率,用插入法求出该方案的内含报酬率。由于逐步测试法是一种近似方法,因此相邻的两个贴现率不能相差太大(最好只相差一个百分点),否则误差会很大。

(七)等年值法

当若干个投资方案具有不同的寿命年限时,方案的净现值就没有可比性。这时就必须使用等年值法。运用等年值法可以将各个方案的现金流量换算为等年值,这样就可以将各个方案置于同一可比的基础上。等年值法在一些特殊的投资决策中非常有用。

采用等年值法,即分别将所有投资方案的净现值平均分摊到每一年,得到每一方案的等年值,通过比较等年值的大小来选择最优方案。等年值最大的方案为最优方案。

在投资方案没有现金流入只有现金流出的情况下,企业投资决策所需考虑的只是投资的成本问题。在这种情况下,净现值就表现为现值成本。当投资方案具有不同的寿命年限时,方案的现值成本同样没有可比性。等年值法可以将各个方案的现金流出换算为等年成本(简称为年成本),同样可以使方案具有可比性。年成本最低的方案为最优方案。

第八章　责任会计

责任会计是适应现代企业分权管理的需要,以行为科学为理论基础,通过在企业内部建立若干责任中心,将会计信息与经济责任、会计控制与业绩考评紧密结合,对各责任中心分工负责的经济业务活动进行规划、控制、考核与业绩评价的一整套会计制度。故责任会计亦称为责任会计制度。责任会计在企业的生产经营过程中,实际履行企业内部控制系统的职能。

第一节　分权管理与责任会计

一、现代企业的分权管理与责任会计的产生

自20世纪20年代以来,特别是第二次世界大战以后,随着全球经济一体化的迅猛发展和市场竞争的日趋激烈,企业的生产经营规模愈来愈大,管理层次愈来愈多,组织结构愈来愈复杂,使得大型跨国公司的分支机构遍布世界各地。在此种情况下,传统的集中管理模式因其决策集中、应变能力差、不能适应多变的市场供求状况而逐渐被现代分权管理模式所取代。

所谓分权管理,就是将生产经营的决策权在其相应层次的管理人员之间进行有效划分,以使不同层次的管理人员都能及时对自己负责的日常经营活动进行相关决策,并承担相应经济责任的一种管理模式。经营决策权限的下放是分权管理的基本特征,决策权限下放的层次愈低,表明分权的程度愈高。

分权管理对比集权管理,其主要优点在于:通过经营决策权限的划

分，可以将日常经营管理工作交付相应层次的管理人员负责，减轻了高层管理人员的日常工作负担，使其能将精力用于企业的战略决策与长远规划；基层管理人员可以在授权范围内，随时根据变化的市场环境和经营条件做出相应反应，从而做出符合实际的应变决策；既可以有效地促进各级管理人员积极性与创造性的发挥，以保证工作质量和工作效率的提高，又可以为培养、考察和提拔各级管理人员提供机会与途径。

分权管理的结果，一方面会使各分权单位之间具有一定程度的相互依存性，主要表现为各分权单位之间相互提供商品、半成品和劳务等；另一方面又使各分权单位如同一个独立组织，进行各自的生产经营活动，具有相对独立性。所以，当企业实施分权管理模式，发挥其优势为经营管理服务时，也会出现一些值得重视的问题：分权单位为了追逐自身业绩的最大化，可能会不惜以牺牲企业整体利益或长远利益为代价；分权单位为了各自的利益，可能站在自身的局部立场上而不进行相互配合，甚至会引发不必要的相互摩擦、竞争和冲突；分权机构的设置、管理信息的汇集与传输，会相应增加有关行政管理费用的开支，出现浪费现象。

为发挥分权管理的优势，弥补其不足，就必须加强企业的内部管理制度。而责任会计正是适应这种分权管理的要求，应用行为科学理论建立和发展起来的一种行之有效的会计控制制度。其具体表现形式为：根据授予各分权单位的权力、责任及其业绩考评方式，将其划分为不同形式的责任中心，建立以责任中心为主体，以责、权、利相结合为特征，以责任预算、责任控制、责任考评为内容，以信息归集、加工和反馈为形式的企业内部控制系统。

实施科学、合理的责任会计制度，不仅能把分权管理的经济责任制与业绩考评的会计方法有机结合起来，从而弥补分权管理的缺陷，改善经营管理，而且能促使企业内部各责任中心统一经营目标，并从企业的整体利益出发，借助责任会计信息来调节、控制自身的生产经营活动，以实现企业的整体规划目标。

二、责任会计的基本内容

(一)设立责任中心,规定权责范围

实施责任会计制度,首先要根据企业内部控制的需要,将企业所属的各部门、各单位划分为若干既相互区别又相互联系的责任中心;其次,根据各责任中心生产经营活动的特点,明确规定其职责、权限范围,使其能在规定的权责范围内,自主地开展生产经营活动,并承担相应经济责任。

(二)编制责任预算,制定考核标准

企业的全面预算体系规划了企业生产经营的总体目标。为了保证总体目标的实现,就需要将生产经营的总体目标按照各个责任中心的权责范围层层分解,落实到每个责任单位及个人,并以此作为开展生产经营活动,以及考核和评价各责任中心实际绩效的基本依据与标准。

(三)建立信息系统,进行日常控制

为了有效地控制责任预算的执行情况,有必要为各责任中心建立健全一套完整的确认、计量、记录、报告、考核和评价责任预算执行情况的会计信息系统。通过定期编制的业绩报告或责任报告,揭示责任预算执行的差异与原因,并通过系统反馈的信息,及时、有效地调节和监控各责任中心的生产经营活动,以保证总体规划目标的实现。

(四)考评实际业绩,实施奖惩制度

通过定期反映各责任中心责任预算执行结果的责任报告,可以全面考核、分析和评价各责任中心的工作绩效,并能根据绩效考评结果划分责任归属,实施合理、有效的奖惩措施,真正做到功过是非,责任清楚,奖惩明确,从而极大地调动和发挥各责任中心的积极性与创造性,促使其相互配合、自觉协调,共同为企业总体目标的实现而努力。

三、责任会计的基本原则

建立责任会计制度,应遵循以下基本原则。

(一)责任主体原则

责任会计核算应以企业内部各种类型的责任中心的生产经营活动为核算对象,具体反映、监控、考核和评价各责任中心的生产经营活动过程和责任预算的执行结果,从而使企业的每项生产经营业务都可归属为某一特定责任中心,都能由该特定责任中心承担相应的责任,真正建立以责任中心为空间范围和界限的责任会计制度体系。

(二)目标一致原则

根据系统论原理,系统整体目标的实现,必须以系统内部各局部的分目标与其整体目标的一致性为保证。因此,企业内部责任中心的划分,其权责范围的确定、责任目标或责任预算的编制、责任绩效的考评等,均应始终与企业的整体目标相一致,尽量避免因追求局部利益而影响整体利益和长远利益的现象发生,促使各责任单位的生产经营活动朝着企业既定的总体目标协调发展。

(三)可控性原则

对各个责任中心所应承担的责任,应以能够在其权责范围内可控制为前提。即责任单位只能对职责范围内可控制的生产经营活动负责,具体讲就是只对可控制的成本、收入、利润和资金负责。因此,建立责任会计制度,务必明确划分各责任单位的权责范围和控制区域,最大限度地消除企业内部各单位之间的相互影响,着力突出各责任单位的相对独立性,避免责任不明、是非不清的现象发生。

(四)激励性原则

实施责任会计制度的目的就是调动企业各部门、各单位及其全体人员的积极性和创造性,激励他们提高工作效率和经济效益,相互协调地做好自己负责的工作,实现企业的总体目标。所以,对于各类责任中心所确立的责任目标和责任预算以及各种相应的奖惩措施,都应以有效调动全体员工的积极性,激发其工作干劲为原则。尽力使责任目标和责任预算公平合理、切实可行,保证各责任单位及员工经过努力实现目标后所获得的报酬和奖励与其付出的劳动成正比,从而不断激励责任中心和员工为实现预算目标而努力。

(五)及时反馈原则

健全有效的责任会计制度必定具备快速传输会计信息、及时进行信息反馈的功能。为了保证各类责任中心对其生产经营活动实施全过程的有效控制,必须借助责任会计系统及时、准确地反馈生产经营过程中的各种信息。这种信息反馈主要表现在两个方面:一是向各个责任中心反馈,以使其及时了解责任预算的执行情况及结果,随时调整偏离责任目标和责任预算的不利差异,保证既定目标的实现;二是向其上一级责任中心反馈,以便上一级责任中心及时掌握自身责任范围的预算执行情况,从而采取相应措施,指导责任预算的具体运行。

(六)责、权、利相结合原则

各类责任中心是各层次责任会计核算的主体。责任中心的最基本特征就是责、权、利紧密结合。为此,各类责任中心的划分与设立,除了明确规定其责任范围与责任程度外,还必须赋予其与企业总体目标相协调、与其管理职能相适应的经营决策权限,同时还需要建立与上述责任、权力相配套的经济利益机制,并使三者紧密相连,缺一不可。对于责、权、利三者的相互关系,一般可概括为:责是三者的核心,权是尽责的必要条件,利是履行责任的内在动力。

第二节 责任中心

责任中心是指企业内部拥有一定经营管理权限,承担相应经济责任,分享应得经济利益的组织单位,其基本特征即责、权、利相统一。

设立责任中心是建立健全责任会计制度的首要工作,而责任中心的设立必须具备五个条件:①要有承担经济责任的明确主体——责任人;②要有反映经济责任的客观对象——经济活动;③要有考评经济责任的基本依据——责任预算;④要有履行经济责任的必要条件——职责权限;⑤要有履行经济责任的实际结果——工作绩效。凡是不具备这五个条件的单位或个人,均不能作为责任会计核算的基本单位。

按控制区域、责任范围以及经济业务活动特点的不同,一般将责任中心划分为成本中心、利润中心、投资中心三大类。

一、成本中心

(一)成本中心及其类型

成本中心亦可称为费用中心,是指责任中心的责任人只对其权责范围内发生的成本、费用和管理业绩负责的责任中心。即该类责任中心只是成本、费用的发生区域,通常无收入来源,故对成本中心只考评其所能控制的成本、费用,而无须考评收入、利润和投资等。

成本中心是责任中心应用最为普遍的一种形式。凡是有成本、费用的支出,能够对所发生的成本、费用负责,就能成为成本中心。成本中心在企业中大多是指只负责商品生产的生产部门、劳务和服务提供部门,以及行政管理部门等。

成本中心的基本特点主要表现在三个方面:一是成本中心只考评成本、费用,不考评收入和利润,即只以货币金额衡量其投入,而不以货币金额衡量其产出;二是成本中心只对可控成本、费用负责,而对不可控成本、费用不承担任何责任;三是成本中心控制和考评的内容是责任成本,而不是全部的耗费支出。

成本中心按其权责范围和经济业务特点,可分为标准成本中心和费用中心两类。

标准成本中心亦称为技术性成本中心,是指经济活动发生的成本数额能够以技术经济分析方法相对可靠地予以估算的成本中心。如商品生产所耗费的直接材料、直接人工、变动性制造费用等成本项目,其显著特点是投入量与产出量联系紧密,均能通过技术经济分析方法测算、计量其成本发生额,并可利用标准成本系统或弹性预算加以控制。因而可以说,标准成本中心实质上是对那些实际产出量的标准成本尽责的成本中心。

费用中心亦称为酌量性成本中心,是指经济业务引起的费用开支数额能够被管理人员的决策影响或控制的成本中心。如各种行政管理费用项目和广告宣传费、职工培训费、商品研制开发费等间接成本项目,其显著特点是投入量与产出量不存在直接的联系,均可通过部门经理的相关决策予以确定。因而可以说,费用中心实质上是对管理费用项目进行预算总额控制的成本中心。

(二)成本中心的绩效考评指标

成本中心的基本特征之一,就是对其进行绩效考评的基本依据不是一般意义上的成本、费用,而是特指的可控成本和责任成本。

成本按其可控性分为可控成本与不可控成本两类。可控成本与不可控成本是相对而言的,凡是责任中心能够实施调控、受其经济业务活动直接影响的有关成本,即为可控成本;凡是责任中心不能实施影响与调控的各种耗费支出,即为不可控成本。具体来说,可控成本应具备三个基本条件:一是可预知性,即成本中心可预计将要发生的成本;二是可计量性,即成本中心能够对发生的成本进行可靠的计量;三是可调控性,即成本中心能够以自己的业务活动对成本进行调节和控制。凡不能同时具备这三个条件的成本,均可归属为不可控成本,通常不能作为成本中心的绩效考评内容。

成本中心当期发生的各项可控成本之和,即为其责任成本。或者说,责任成本是以责任中心为对象归集的,相关责任人能够控制或负责的有关成本、费用。根据责任会计制度的要求,企业应将计划期间的目标成本按照各类责任中心的权责范围和责任程度大小层层分解,具体落实到所属各责任单位,形成各责任中心的责任成本预算。因此,责任成本与商品生产成本是既相互联系又相互区别的两个成本概念。其联系表现为二者性质相同,均为企业生产经营过程中的耗费支出。其区别在于商品成本是以商品为对象归集的商品生产耗费,其原则是谁受益谁承担;而责任成本是以责任中心为对象归集的生产经营和管理耗费,其原则是谁负责谁承担。

根据成本中心绩效考评的要求,对各成本中心的责任成本进行具体考评分析时,是将其实际发生的责任成本与相应的预算责任成本或目标成本相比较,计算成本降低额和成本低率等指标进行的。其基本公式为:

$$成本降低额 = 预算责任成本 - 实际责任成本$$

$$成本降低率 = \frac{成本降低额}{预算责任成本} \times 100\%$$

二、利润中心

(一)利润中心及其类型

利润中心是指既对成本负责,又对收入和利润负责的责任中心。由于利润是收入减去成本后的余额,故该类责任中心不仅要求能对权责范围内的责任成本加以控制和负有责任,而且还要求能对相应的收入与实现的利润加以控制和承担责任。

利润中心通常是位于企业内部较高层次的责任中心,一般是指那些对商品或劳务的生产经营拥有决策权的部门和单位,如分公司、分厂、有独立经营权的其他各部门和单位等。确立为利润中心的责任单位,应满足三个条件:①要有独立的收入来源;②能独立核算盈亏;③对商品销售或劳务提供的数量、价格、成本等具有调控能力。也就是要求利润中心都应有较为完整的生产经营过程;都能自成一体,独立经营;都必须开展独立的会计核算。

利润中心按其商品销售或劳务提供的方式不同,可分为自然利润中心和人为利润中心两类。

自然利润中心是指可以直接对外销售商品或提供劳务,既有独立的收入来源,又有相应的成本支出,相对独立的责任中心。该类利润中心类似一个完整、独立的企业,一般应具有商品销售权、售价制定权、材料采购权、生产决策权等。通过对外销售商品或提供劳务取得营业收入,补偿成本费用后的余额,即为企业实现的利润。因而自然利润中心是原始意义上的利润中心。

人为利润中心是指一般不直接对外销售商品或提供劳务,只在企业内部各责任单位之间以内部转移价格转让其商品、半成品或提供劳务，并确认成本、收入和利润，承担相应责任的责任中心。该类利润中心并非真正获得营业收入，实现真正意义的企业利润，而是为便于考评各责任中心的工作绩效，调动其积极性，将原本为企业内部的相互转移关系上升为市场买卖关系，使某些成本中心人为地转变为利润中心。

(二)利润中心的绩效考评指标

由于利润中心既对成本负责，又对相应的收入及其实现的利润负责，所以就总体而言，对利润中心的绩效考评指标，应以实现的营业收入、边际贡献、税前利润等为重点。其计算公式为：

分布边际贡献＝分部销售收入总额－分布变动成本总额

分布经理边际＝分布边际贡献－分布经理可控固定成本

分布边际＝分布经理边际－分布经理不可控固定成本

公司税前利润＝各分部边际总和－公司各种管理费用、财务费用等

由上列公式可见，边际贡献是考核利润中心工作绩效的首要指标。尤其对于人为利润中心，因其只承担权责范围内的可控成本，而不分担不可控的固定成本，因而根据其收入与成本计算出来的差额，虽有人称之为利润，而其实质仍是边际贡献。上列公式中的"分部经理边际"和"分部边际"，从严格意义上讲，还是边际贡献在利润中心考评指标的一种自然延伸，是可控性原则的实际体现。

三、投资中心

(一)投资中心及其责任范围

投资中心是指既对成本、收入、利润负责，又对资金投入及其效果负责的责任中心。投资中心是适应降低成本、增加利润、提高投资效益的责任控制要求建立起来的。它不仅要能全面控制成本和收益，还要能控制全部资金占用和投资效果。因此，作为投资中心，不但在商品产销和劳务提供上享有经营决策权，而且在相对独立地运用所掌握的资金、购建和处理固定资产、扩大或缩小生产经营能力等方面拥有相应的投资决策权。

投资中心是分权管理模式在现代大型企业集团的具体表现,它居于责任会计体系的最高层次,具有最大的决策权限,也承担最大的经济责任。从组织形式上讲,投资中心与成本中心、利润中心的区别在于,成本中心一般不是独立的法人单位,利润中心可以是也可以不是独立的法人单位,而投资中心通常都是独立的法人单位。所以,投资中心主要适用于那些生产经营规模较大和管理决策权限较大的单位,如企业集团的子公司、事业部、分公司、分厂等,其责任领导人一般直接对企业集团的总经理或董事会负责,除非有特殊情况,否则企业集团的高层领导不宜横加干涉。

为了准确地计量和考评各投资中心的工作绩效,企业集团应对各投资中心共同使用的资产划分清楚,规定各自的权责范围;对共同发生的成本和实现的收入,应按合理可行的标准进行计算分配;对各投资中心相互调剂使用的货币资金、存货、固定资产等,都应按资金的时间价值实行有偿占用。只有使投资中心成为名副其实的成本、收入、利润、投资的控制区域,才能可靠地计算和考评各投资中心的实际工作绩效。

(二)投资中心的绩效考评指标

投资的目的是获得利润,从该种意义上讲,投资中心实质上也是一种利润中心,只不过是一种扩大了权责范围的利润中心。同样,对投资中心的绩效考评,也应计算分析反映其获利能力和经营成果的相关指标。根据投资中心生产经营活动的特点和责任范围,通常以投资利润率和剩余收益作为考评投资中心工作绩效的主要指标。

1. 投资利润率

投资利润率(Return on Investment,ROI)亦称为投资报酬率,是投资中心实现的营业利润与其经营资产或投资额的比率。投资利润率用公式表示为:

$$投资利润率 = \frac{营业利润}{经营资产(或投资额)}$$

$$= \frac{营业利润}{销售收入} \times \frac{销售收入}{经营资产}$$

$$= 销售利润率 \times 资本周转率$$

投资利润率作为大型企业集团考评投资中心盈利能力与经营业绩的基本指标,其主要优点在于:投资利润率由收入、成本和投资三项指标综合而成,能够反映投资中心的综合盈利能力;投资利润率是剔除了投资额差异的相对比率,有利于不同投资中心工作绩效的横向比较;投资利润率作为选择投资机会的依据,有利于优化资源的配置,调整资本的存量与流量;以投资利润率作为评价投资中心经营业绩的主要指标,有利于正确引导投资中心的经营管理行为,防止短期行为。[1]

然而,投资利润率指标也有明显的不足,其主要缺陷在于缺乏全局观念。投资中心为追求较高的投资利润率,有时会不以企业集团的整体利益为重,对那些虽能增加利润但会降低投资中心投资利润率的投资机会予以放弃,甚至会采取减少投资的方式来达到较高的投资利润率。而要弥补这一缺陷,就是启用剩余收益指标来考评投资中心的工作绩效。

2.剩余收益

剩余收益(Residual Income,RI)是投资中心实现的营业利润扣减其最低的投资收益后的余额。剩余收益用公式表示为:

剩余收益＝营业利润－(经营资产×预期最低投资收益率)

式中的预期最低投资收益率,一般是指企业集团为投资中心预期规定的投资报酬率,通常按整个企业集团各投资中心的投资利润率加权平均计算获得。

剩余收益指标考评投资中心经营绩效的基本要求是,只要能使投资利润率大于预期的最低投资收益率,实现有剩余收益,该项投资方案就应该是可行的。很明显,剩余收益比之投资利润率具有两大优点:一是能够消除投资利润率考评绩效带来的错误信号,纠正管理当局忽视经营业绩绝对金额考评的倾向;二是可以鼓励投资中心乐于接受能够增加利润的投资方案,促使投资中心的目标与企业集团的整体目标协调一致。

---

[1] 余绪缨.会计理论与现代管理会计研究[M].北京:商务印书馆,2023.

参考文献

[1]白胜.战略管理会计研究[M].北京:知识产权出版社,2013.

[2]柴慈蕊,赵娴静.财务共享服务下管理会计信息化研究[M].长春:吉林人民出版社,2022

[3]陈美华.论管理会计的基本假设[J].会计之友,2022(21):2-7.

[4]陈兆亮.管理会计在企业中的作用[J].中小企业管理与科技,2021(6):17-18.

[5]戴一童.谈财务会计向管理会计转型[J].中国集体经济,2022(25):125-127.

[6]邓博夫.会计分权下的管理会计师角色转变与信息决策有用性研究[M].北京:人民日报出版社,2021.

[7]付源.论管理会计柔性[J].中国市场,2022(10):145-147.

[8]郭亿方,宁丽鹏,杨志欣.财务会计与管理研究[M].延吉:延边大学出版社,2022.

[9]胡玉明.管理会计的本质与边界[J].财会月刊,2021(19):16-24.

[10]胡元木.成本与管理会计研究[M].北京:经济科学出版社,2010.

[11]黄延霞.财务会计管理研究[M].北京:经济日报出版社,2018.

[12]颉茂华.环境管理会计理论与实务研究[M].呼和浩特:内蒙古大学出版社,2010.

[13]李百兴.价值链会计分析研究对会计管理的战略新思考[M].北京:首都经济贸易大学出版社,2011.

[14]刘青.管理会计[J].中外企业文化(下旬刊),2014(11):220-221.

[15]乔春华.高校管理会计研究[M].南京:东南大学出版社,2015.

[16]申鹏.管理会计在企业管理中的应用[J].全国流通经济,2020(20):162-163.

[17]宋良荣.商业银行战略导向管理会计研究[M].上海:立信会计出版社,2020.

[18]孙传志.管理会计与智能化[J].中国乡镇企业会计,2022(7):193-195.

[19]陶燕贞,李芸屹.财务管理与会计内部控制研究[M].长春:吉林人民出版社,2020.

[20]王海侠,刘恩厚,何锋.会计管理与成长控制研究[M].北京:九州出版社,2018.

[21]吴文中,平含钰.财务管理与会计实践研究[M].成都:电子科技大学出版社,2017.

[22]许金叶.管理会计理论的使命[J].财会月刊,2021(23):58-62.

[23]杨眉.管理会计研究[M].北京:中国金融出版社,2016.

[24]杨美丽,李永珍.企业环境管理会计理论与实务研究[M].成都:西南财经大学出版社,2019.

[25]杨世忠,马元驹,许江波.成本管理会计研究[M].北京:首都经济贸易大学出版社,2018.

[26]余绪缨.会计理论与现代管理会计研究[M].北京:商务印书馆,2023.

[27]张曾莲.政府管理会计的构建与应用研究[M].厦门:厦门大学出版社,2011.

[28]张恭辉.管理会计创新研究[J].现代经济信息,2021(4):112-113.

[29]周琳.管理会计变革与创新的实地研究[M].上海:上海交通大学出版社,2012.